# 基于校内外统筹的全纳学区就学需求与空间计划研究

刘 冬 著

北京理工大学出版社
BEIJING INSTITUTE OF TECHNOLOGY PRESS

## 内容简介

教育是民族振兴的基石，学校空间环境建设是办学的物质基础；然而我国现有教育资源的配置，远不能满足社会需求，特别是校际办学条件优差有别。本书基于陕西关中地区大城市全纳学区就学需求的视角，采用定性与定量相结合的方法，研究学校的空间配置和学区就学需求的测算；进而通过校内外空间环境统筹的方式实现中小学空间环境品质的提升，以及学区与学校的对接，这是本书的核心。本书对实现教育资源的优质化、公平化和均衡化，具有一定的理论、实践和指导意义，同时，希望通过本书的研究能够得到更多教育管理者、规划者、设计者对于学校建筑空间环境实际问题的关注。



**图书在版编目（CIP）数据**

基于校内外统筹的全纳学区就学需求与空间计划研究/刘冬著. —北京：北京理工大学出版社，2020.6

ISBN 978-7-5682-8558-2

Ⅰ. ①基…　Ⅱ. ①刘…　Ⅲ. ①地方教育-教育资源-资源配置-研究-陕西　Ⅳ. ①G527.41

中国版本图书馆CIP数据核字（2020）第098005号

出版发行／北京理工大学出版社有限责任公司
社　　址／北京市海淀区中关村南大街5号
邮　　编／100081
电　　话／（010）68914775（总编室）
（010）82562903（教材售后服务热线）
（010）68948351（其他图书服务热线）
网　　址／http：//www.bitpress.com.cn
经　　销／全国各地新华书店
印　　刷／三河市华骏印务包装有限公司
开　　本／787毫米×1092毫米　1/16
印　　张／9.5
字　　数／225千字
版　　次／2020年6月第1版　2020年6月第1次印刷
定　　价／56.00元

责任编辑／江　立
文案编辑／赵　轩
责任校对／刘亚男
责任印制／李志强

**图书出现印装质量问题，请拨打售后服务热线，本社负责调换**

# 前言

我国现行的中小学教育体系，源于工业革命后在欧洲形成的现代教育体系。19 世纪后期，我国接受西方新思想的先贤开始引进西方现代教育模式，兴办新式学堂，国家最早推行的现代教育模式应属 1904 年清政府颁布的“办学奏章”。从 20 世纪初到今日，现代教育模式在我国的教育实践已有 110 多年的历史，效果明显，特别是改革开放以来，我国基础教育水平及教育质量提升显著，其中校舍建设及学术研究成果与世界接轨，得到国际教育界的广泛认可与尊重。但随着社会的发展，我国的教育环境如今已发生了巨大的变化，究其原因，一是新时代对人才培养模式的要求；二是城镇化对原有基础教育布点平衡的冲击；三是生活品质的提升对高质量教育资源的期待与选择。

教育是民族振兴的基石，中小学学校空间环境建设则是教育办学的物质基础。然而，现有教育资源的配置远不能满足社会需求，一是校际办学条件优差有别，导致中小学生择校与入学较难；二是公立学校责权不明致使“学区”似有实无，学区划分落地性不强；三是建设用地规模与居住人口剧增带来的就学需求矛盾日益尖锐，严重制约了中小学空间环境品质的达标与提升。因此，本书综合运用教育学、社会学、城市规划学、建筑学及城乡统筹等理论与方法，对陕西关中地区大城市全纳学区就学需求与空间计划进行了较为全面、系统的研究，本书主要包括以下两个方面内容。

（1）小学学区全纳就学需求测算。

以《城市普通中小学校校舍建设标准》《中小学校设计规范》（GB 50099—2011）、《汶川地震灾后重建学校规划建筑设计导则》《城市居住区规划设计标准》（GB 50180—2018）等国家现行中小学规划建设规范和国内部分城市、西北地区部分省份中小学校办学条件标准为切入点，并以陕西关中地区大城市典型代表——36 个小学学区为样本，分别核定和优化了学校的规模要素，包括班级数量、班级人数和生均面积；学区服务的范围要素，包括服务半径、便利程度和千人学生数。同时，本书借助 ArcGIS 平台，以分辨率较高的高德地图为底图，从实际路网出发，对学校的供给和学区上学需求做出预判，并通过相关性检验对 TWX 小学学区和 JHNL 小学学区内居住空间中区域位置、建筑类型、建筑年代、建筑户型等影响因素做出模拟指数评价，进而根据多元线性回归分析和主成分分析，建构学区就学需求的测算模型即主成分回归分析模型，该模型测算结果与前期供需诉求预判结果基本一致。

（2）学校内外空间统筹计划实践探索。

在续接学校供小于学区求的预判结论下，以 CL 中学、HY 第一中学、FH 中学、GX 一中为样本，分别从学校总体布局、教学空间的组织形式和使用，办公、生活用房的功能构成及特征，体育运动场馆的分布与类型，学校周边的用地性质和学区内公共设施的配套等五个方面进行梳理、归纳与审视。本书依托空间整合理论和建筑计划理论，凝练空间统筹计划功能多样、学社共享和空间多元三大特征，提出了空间统筹计划的三大原则，即功能空间的灵活性、空间布局的开放性和组织形式的可调性，以实现完善校内功能构成、集约化空间布局和空间环境品质提升三大目标。同时，本书总结了学校内外空间统筹的可拓展程度，即生活用房最适宜拓展，其次为体育活动空间，最后为教学及教学辅助空间，进而从建筑空间、公共活动空间和运动场馆 3 个方面进行实践探索，并梳理、总结三大空间各自有效的空间统筹计划模式。

促进教育公平，优化资源配置以及教育设施配置一直以来都是多维度、多层次的概念。本书基于陕西关中地区大城市全纳学区就学需求的视角，采用定性与定量相结合的方法，研究中小学校的空间配置和学区就学需求的测算。同时，本书通过校内外空间环境统筹的方式实现中小学空间环境品质的提升，实现学区与学校对接，对实现教育资源的优质化、公平化和均衡化，具有一定的理论、实践和指导意义。最后，希望通过本书的研究能够得到更多教育管理者、规划者、设计者对于中小学校建筑空间环境实际问题的关注。

刘　冬

2020 年春

# 目 录

# 第 1 章

# 绪 论

## 1.1 课题研究背景

### 1.1.1 国家政策引导

近年来国务院、教育部出台了一系列政策、意见，旨在全面落实教育改革。2013 年，中国共产党十八届三中全会通过的《中共中央关于全面深化改革若干重大问题的决定》提出，“深化教育领域综合改革……大力促进教育公平，构建利用信息化手段扩大优质教育资源覆盖面的有效机制，逐步缩小区域、城乡、校际差距。统筹城乡义务教育资源均衡配置，实行公办学校标准化建设和校长教师交流轮岗，不设重点学校重点班，破解择校难题……义务教育免试就近入学，试行学区制和九年一贯对口招生。”这一决定反映了国家对教育改革的决心。2014 年《关于深化考试招生制度改革的实施意见》等政策的出台，表明高考招生制度出现重大变革，预示我国人才评价标准、教育目标乃至教育思想的巨大转变。

国务院于 2015 年印发的《关于进一步完善城乡义务教育经费保障机制的通知》表明，在国家政策层面正在努力消除城乡以及各区域间教育投入的差距，力图建立城乡统一、重在农村的义务教育经费保障机制。同年 10 月，十八届五中全会上通过的《中共中央关于制定国民经济和社会发展第十三个五年规划的建议》（下称《建议》）规定，“普及高中阶段教育，逐步分类推进中等职业教育免除学杂费。”《建议》表明，义务制教育将全面覆盖基础教育领域并向中等职业教育领域推进。教育部发布《关于做好 2015 年城市义务教育招生入学工作的通知》，全国各城市都要根据《中华人民共和国义务教育法》规定、十八大和十八届三中、四中全会以及十九大要求，全面贯彻落实教育部关于义务教育免试就近入学工作总体部署，根据实际情况，明确目标任务，全面实行“单校划片”或“多校划片”。然而从实施效果来看，学区划定在一定程度上保障了学生就近入学，但因学校性质不同、资源差异、学区划分方法和制度欠缺导致学区之间存在差异，进一步加剧了教育资源的不均衡，学区房、学生向优质学校集聚等现实问题。

### 1.1.2 发展诉求现状

我国现行的中小学教育体系，源于工业革命后在欧洲形成的现代教育体系。18 世纪工业革命后，社会急需大量有知识的劳动者，工人家庭子女也急需新的教育机构提供新的培养教育模式。于是一种按年龄分级、一定人数分班、教师分科分班上课，按班（轨）级（层）管理的新型教育体系在工业革命的腹地逐渐形成。现代教育体系实现了大规模招生，并将学校体系划分为小学-中学-高中-大学，再加上学前及托幼教育的发展，层级逐步完善，可实现人才的大量培养与建设金字塔式人才架构，成千上万的青少年通过教育融入工业社会体系中。这种建立在工业化思维模式下的教育体系，对 18、19 世纪欧洲人才培养模式的发展起到了极为重要的作用，并在之后不断传向世界各地。19 世纪后期，我国接受西方新思想的先贤开始引进西方现代教育模式，兴办新式学堂，国家最早推行的现代教育模式应属 1904 年清政府颁布的“办学奏章”。从 20 世纪初到今日，现代教育模式在我国的教育实践已有 110 多年的历史。

就中小学校舍建设而言，110 年的历史大致可划分为前 50 年、中 30 年与近 30 年，其基本特征为前 50 年从无到有、从局部设校到全国布点；中 30 年为从非标准化建设到标准化建设、从不均衡规划实施到均衡化规划实施；近 30 年为按标准规范建设、更新、改造，城乡均衡布点实施就近上学。中华人民共和国成立后，特别是改革开放至今，我国基础教育水平及教育质量提升显著，其中校舍建设及学术研究成果与世界接轨，得到国际教育界的广泛认可与尊重。十九大报告指出我国社会的主要矛盾已经转化为人民日益增长的美好生活需要和不平衡不充分的发展之间的矛盾，教育方面的主要矛盾就是发展不平衡不充分，且我国的教育环境也随之发生了巨大的变化，其原因一是新时代对人才培养模式的要求；二是城镇化对原有基础教育布点平衡的冲击；三是生活品质的提升对高质量教育资源的期待与选择。现有教育资源的配置，远不能满足社会需求。

### 1.1.3 研究成果深化

教育是民族振兴的基石，学校空间环境建设则是教育办学的物质基础，本书研究成果主要包括以下 3 个方面。

第一方面，改革开放 40 多年以来，校舍建设由单一政府投入转变成多元化投入，经营管理也呈现出多样化，这不仅导致校际之间空间环境等硬件条件优差距离拉大，连教学理念与方法，包括实施理念与方法的师资队伍的差距也变得十分明显。教育资源配置由此成为急待解决的问题，特别是校际之间办学条件优差有别，导致中小学生择校与入学（名校）较难。如何全面提升中小学校办学条件，使公立中小学校逐步体现教育公平，首要的是建筑学、城乡规划等学科的相关专业人员通过学术研究，从理论与实践探究如何使中小学办学空间环境全面提升与均衡。

第二方面，学区建设应当以均衡利用公共教育资源、缓解家庭与社会压力、促进教育公平为目标，这是近几十年来国外学校建设的重要经验。近年来，国内相关部门借鉴国外成功经验，积极探讨中小学校学区制的规划与建设，基本完成了各地的学区划分规划。然而，公立学校责权不明致使“学区”似有实无，学区划分落地性不高。

第三方面，建设用地规模有限与居住人口剧增带来就学需求矛盾。既有及新建的各个城市中小学用地，多依托于国家标准规范数据，而这方面的数据大多确定于20世纪50、60年代，用地现有如何适应目前的就学需求，是一个严峻的现实问题，并在一定程度上制约了中小学空间环境品质的提升。

## 1.2 相关研究综述

### 1.2.1 国内研究综述

国内关于“中小学校”的研究成果：在国家自然科学基金方面，以北京师范大学、华南理工大学、华中师范大学、西安建筑科技大学、西南交通大学为代表，集中于中小学学校布局、学校办学标准、中小学建筑可持续设计、空间及环境等领域已取得诸多研究成果；在国家标准规范方面，相关部门出台的包括《城市普通中小学校校舍建设标准》《中小学校设计规范》(GB 50099—2011)、《农村普通中小学校建设标准》《城市居住区规划设计标准》(GB 50180—2018)、《汶川地震灾后重建学校规划建筑设计导则》和《中小学校教学卫生基本标准》等标准规范，分别从宏观和微观层面规定了中小学的规模控制指标（学校规模、建设标准、地块控制标准）和生均面积指标（用地面积、建筑面积、绿化面积、体育活动场地），为指导其建设提供了重要依据；在学术论文方面，除上述学校外，同济大学、浙江大学、天津大学、重庆大学、西安交通大学、昆明理工大学、山东建筑大学分别从生态校园建构、学校建筑设计手法、学校空间分布、教育设施的规划指标、配套与有效利用等方面展开了广泛的研究。另外，在中小学校的规划及建筑设计方面，北京建筑设计研究院、天津市建筑设计院、四川省建筑设计院、福建省教育建筑设计院、武汉市城市规划设计研究院、沈阳市规划设计研究院，分别对各自区域内的学校布局调整、中小学集约建校模式、教育设施布局规划指标、中小学校建筑外部空间设计进行了理论研究和实践探索。

国内关于“学区”的研究成果：在国家自然科学基金方面，合肥工业大学承担了“基于GPS技术的小学生放学路径与城市空间结构协同优化策略研究”，以营造安全、安心的小学生放学路径及相应的城市空间为目标，借助于贝叶斯网络技术、GPS行动数据分析等定量化的研究方法指导学区规划；在国家社会科学基金方面，广州市越秀区教育局承担“构建学区管理模式促进基础教育均衡发展”的研究，并隶属教育学的研究范畴；在国家标准规范方面，没有对学区的明确界定，仅《中华人民共和国义务教育法》第十二条规定，“适龄少年儿童免试入学”“地方各级人民政府应当保障适龄儿童少年在户籍所在地学校就近入学”。各级地方政府，特别是大中城市为贯彻落实该原则，结合实际情况，制定了一系列实施方案，如天津市各区义务教育免试就近入学方案、西安市义务教育学校学区划分、成都小学入学政策以及片区划分、杭州各校招生服务区（学区）、广州小学学区划分指南等；在学术论文方面，西南大学、华东师范大学、浙江大学、复旦大学、南开大学、东北师范大学分别对学区的划分原则、划分程序、划分带来的问题，学区的制度以及学区内优质教育资源均衡流动问题展开了广泛的研究。另外，在中小学校教育资源设施配套、布局及优化调整过程中，各地方教育部门和规划设计单位，大多依据公立义务教育学校的基础配置、分布情况及适龄学生的分布状况，以户籍为基础对学区进行一定的划分。

### 1.2.2 国外研究综述

在当前世界范围内，对于“学区”和“中小学校”的研究呈现出学术中兴的局面。在国际上，包括联合国教科文组织（United Nations Educational, Scientific and Cultural Organization, UNESCO）和经合组织（Organization for Economic Co－operation and Development, OECD）等在内的几大国际组织和世界主要国家，均开展了大量的理论研究。其中，国外学者最早研究“学区”和“中小学校”布局规划主要使用的是地图学的方法，即利用 GIS 的空间分析技术来研究学校学区的划分、学校的空间布局以及学校配套交通服务等问题。对学校建筑研究最为普及、最为发达的国家是美国，主要原因在于该国自 1990 年发起了一项以政策为主导，教育改革为方向，新型学校建筑规划为内容，使学生的学习环境适应教育改革要求为目标的学校建筑规划运动。英国的“为未来建设学校”（Building Schools for the Future, BSF）的学校建筑新计划，通过地方政府、社区、私营部门、家长、学校教员等共同合作努力的方式，实现了革新学校建筑、信息与通信技术的目标，从而使全部中学生在适合 21 世纪的学习环境中学习，继而带动英国教育的革新和转型。日本自明治维新实施现代教育以来已有 150 年历史，中小学推行公立化至今亦有 75 年的历程，从不均衡到均衡再到大量教育资源闲置，目前面临两大问题，一是学校与学区联动，建设有活力的区域社会及赋予地域特色的学习环境；二是面对新的人才养成建设应对全新教育模式的校园空间环境。

在规划及建筑设计方面，具有代表性的著作有约翰·杜威（John Dewey）著的《学校与社会·明日之学校》、索柯洛娃著的《国外学校建筑实践》、阿列申著的《学校建筑》。另外，还有 *School building design and maintenance*（英国学校建筑设计与维护）、*Priority School Building Programme*（*PSBP*）（优先建校计划）等一系列较为完整的资料。其中，美国通过独特的机构设置和职能划分，实现了美国学区内各级各类学校的资源共享和教育目标的全面落实；英国在学校建筑及教学空间上的创新及思维，成为第二次世界大战后各国学校建筑规划设计的方向；日本将其教育理念及教学方式直接实现在学校建筑上，从早期明治时期规范校舍配置及教室设计，到大正末期朝向标准化、规格化的学校建筑，再到后来昭和末期重视教学方式及教育理念的新形态教室，都显示出日本的学校建筑从注重样式朝向多功能以教育为主的方向转变。

### 1.2.3 研究综述小结

结合国内外研究动态、相关标准规范和已有的实证可知，关于“学区”和“中小学校”的研究成果量大，且呈现出多样、广泛的特点。但已有研究多从教育效率、教育管理等层面分析学区的划分，从学校发展诉求出发分析学校建筑的设计方法，对于陕西关中地区大城市全纳学区、中小学校空间环境提升及其相互关系的研究还需进一步深化细化。目前，已有的中小学校的规划设计研究多从开放空间、探究学习空间等角度出发，已不能满足人们对优质教育资源与日俱增的强烈需求。同时，中小学校建筑空间环境、教育资源严重不足，校际之间差异愈发突出等问题已引发社会广泛关注。如何打破长期固守的中小学校建筑空间环境的规划与设计模式，满足学区内全覆盖的就学需求，扩大有限教育资源的规模与承载力，提升现有中小学校建筑、空间、环境及设施的品质，愈发显得紧迫和重要。

## 1.3　研究意义和目的

### 1.3.1　研究意义

（1）促进教育公平，优化资源配置

促进教育公平，优化资源配置以及教育设施配置方面的理论一直以来都是多维度、多层次的概念，本书基于陕西关中地区大城市全纳学区就学需求的视角，采用定性与定量相结合的方法来研究中小学校的空间配置，为中小学学校及其学区共同发展提出具体方法，为推进教育公平，优化优质教育资源配置，实现教育服务设施的优质均等化发展提供一定的参考价值。

（2）更新既有方法，建构全纳学区

本书基于传统公共设施配置理论优化与完善既有理论方法并加强其可操作性，通过对比多种理论研究与方法，切实分析当前陕西关中地区大城市学区现实矛盾，查找现有学校配置规划手段的不足，探讨规划和实施的矛盾性，从空间角度优化学区就学，构建全纳学区，统筹校内外教育资源，最终为实现学区内全就学提供一定的空间基础。

（3）缩小校际差距，推进高品质学校建设

建立义务教育学校动态调整机制，优化陕西关中地区大城市学校布局，推进中小学标准化建设，提升和扩大优质教育资源覆盖面，缩小校际差距。有利于完善城乡义务教育保障机制，从学区发展角度建立空间标准，推动基本公共教育服务均等化，力图实现人民因生活品质的提升而产生的对高品质教育资源的需求。

### 1.3.2　研究目的

1）给出学区内中小学就学度的供需要素，从而测算陕西关中地区大城市全纳学区就学度分级下学校空间环境的匹配度，确保高品质的中小学建设、学区内适龄学生就学全纳、学区公共教育设施高效利用、学区内各学校协同运作与互动，四位 ·体，综合实现。

2）探寻陕西关中地区大城市高品质中小学空间环境建设标准，为全面建设高品质学校，逐步消除公立学校品质差距寻求解决之法。研究成果对国家现行标准的更新、投资方向的把控、投资主体的明确与规划建设的制定等将发挥理论奠基作用。

3）面对用地紧张、就学压力剧增、规范标准严苛等困境，通过校内外空间环境统筹的方式实现既有中小学空间环境品质的提升，实现学区与学校对接，使学区真正为平衡陕西关中地区大城市就学资源配置，实施教育公平，充分利用教育资源，缓解就学压力起到积极作用。

## 1.4 研究内容界定

### 1.4.1 概念界定

（1）地域对象

关中平原城市群的经济发展相对中东部地区较为落后，教育资源配置与东南沿海不仅存在区域差异，而且自身优质教育资源的匮乏使得“就近上学”问题更加突出。现阶段在小学教育资源规划与配置中，小学适龄人口数量变动将直接影响基础教育的发展规模和质量，主要包括师资力量、学校规模、学校数量、班额数等多种资源的配备。因此，本书以学区与学校的供需矛盾典型的关中地区 XA 市 BL 区小学为学区研究对象，同时，广泛对比陕西关中地区同类型大城市（即 BJ、XY、TC、WN）的中学学校空间环境，以进一步深化细化校内外空间计划的相关研究数据和实践模式。

（2）全纳学区

“全纳”指全纳教育，是 1994 年 6 月 7 日至 10 日联合国教科文组织在西班牙萨拉曼卡召开的世界特殊需要教育大会上所提出的一种新的教育理念和教育过程，即容纳所有学生，反对歧视排斥，促进积极参与，注重集体合作，满足不同需求的一种没有排斥、没有歧视、没有分类的教育。本书提出的全纳学区直指全纳教育的本源，学区能够为区内居住的所有适龄孩子提供同等的上学机会（不附件任何条件）。这是一种理想，也是学区建设的目标，更是使统筹内外资源构建高品质中小学空间环境成为可能的必要条件。

（3）空间计划

空间，指与时间相对的一种物质存在形式，表现为长度、宽度、高度。空间计划涉及中小学校建筑的功能构成、空间布局及组织形式，旨在能够系统性的认识学生与建筑、教学与生活、学校与学区，其主要包括：1）学校的功能构成是否满足现行规范的要求，以及是否在满足规范的基础上增加更多的功能空间以适应新的教育诉求；2）学校的空间布局是否规划合理，以及在合理布局的基础上是否做出适应校内外统筹的空间布局，方便学生以及学区人群的使用；3）学校建筑的组织形式是否合理有效，以及有没有在有效组织的基础上加以整合利用，以集约用地，提高空间的利用率，并最终实现中小学校建筑空间环境品质的提升。

### 1.4.2 主要内容

本书的研究以陕西关中地区大城市全纳学区就学需求测算为判断依据，在探索高品质中小学空间环境建设标准的同时，对既有校内空间环境提供可就学潜力以及学区全纳教育需求的提升进行计划研究，进而提出校内外统筹的中小学空间环境品质统筹方法与实践模式，以进一步均衡利用公共教育资源，促进教育公平，整体提升中小学建筑设计水平，实现新时期教育教学需求在空间环境方面的增效扩能。其主要内容包括以下几点。

（1）基于供求关系的现有学区及学校规模要素剖析

借鉴国内外学区理论支撑与产生、发展和演变规律，本书以国家规范和地方标准为切入点，明确学校规模要素和学区范围要素，试图准确判断学校的现有供给和学区的服务需求，为测算既有学区的全纳就学需求奠定基础。

（2）基于小学学区居住空间构成的就学需求测算

本书拟通过学区相关性分析，确定居住空间构成对全纳就学需求的影响，并通过 SAS 软件对其进行多元线性与主成分分析，得出就学需求的预测模型，进而对 TWX 小学学区与 JHNL 小学学区的就学需求量进行模拟测算，为最终把握预测就学、学区规划理论与方法研究做基础性铺垫。

（3）基于校园品质提升的中学学校空间构成及特征

为减少因不同就学需求而引发的学区就学品质降低和学校供给不均，总结学校布局及建筑空间功能构成、组织形式等，本书从其可进入性、可达性、可接近性、可获得性等方面进行审视，并以此探寻提升学校空间品质的突破口。

（4）校内外空间统筹计划与实践探索

本书依托空间整合理论和建筑计划理论，提出学校与学区空间统筹的原则、目标与等级，结合国内外高品质学校的空间特征对既有学校建筑空间品质的改造策略，进一步从建筑空间、公共活动空间和运动场馆等方面予以实践诠释和探索。

## 1.5　技术方法路线

### 1.5.1　研究方法

（1）文献分析法

文献分析法作为最普遍适用的一种原始资料与数据的收集方法，包括相关研究理论和方法的文献总结，也包括与研究对象相关的社会经济背景与技术指标的收集。因此，借助“知网”等电子数据库，对已有“中小学校”和“学区”的研究成果和文献资料进行量化分析，并以此为据对各种研究视角、研究观点、研究成果进行重新审视和解读，既有助于了解和梳理学区和中小学空间的研究动态，又有利于对本书的研究提供启示和可行性研究要求。表 1.1 为文献研究主题、途径及类型。

**表 1.1　文献研究主题、途径及类型**

| 文献研究主题 | 文献研究途径 | 文献研究类型 |
|---|---|---|
| “中小学校及其空间环境品质”相关研究成果 | 知网、万方、维普 | 博士、硕士学位论文、期刊、著作及相关会议 |
| | Engineering Village、Science direct | |
| 中小学学区类型及典型实例 | 文学作品、影视作品、影像资料 | 中小学校实例 |

续表

| 文献研究主题 | 文献研究途径 | 文献研究类型 |
|---|---|---|
| 既有中小学校校园建设过程、使用现状及问题 | 方案、工程实例、建成环境 | 方案设计讨论纪要、过程稿、校园空间环境的变迁 |
| 国内外教育发展规律及演变历程 | 国家、地区的教育主管部门 | 教育政策方针、措施 |

（2）实证研究法

实证研究法包括实证分析和实证调查两个方面。其中，实证调查针对本书的研究区域（陕西关中地区）和研究对象（大城市学区和中小学校）采取“点、线、面、体”的方式实地勘察，掌握第一手的数据资料；实证分析为关于是什么的表述，主要通过与校方管理者、师生进行访谈，实地测绘、使用后评价等方式了解学校空间环境的使用现状、困境、需求和发展设想。在剖析典型学区及学校空间构成的基础上，以学校为单元向外拓展，探究校内外空间环境的关系。此外，以教育部门为主要调研对象，通过问卷调查及访谈，明确当前中小学校布局规划、建筑设计的理论与实践。表 1.2 为调研对象、内容、目的及方法。

**表 1.2　调研对象、内容、目的及方法**

<table>
<tr><th colspan="2">调研对象</th><th>调研内容</th><th>调研目的</th><th>调研方法</th></tr>
<tr><td colspan="2">教育主管部门</td><td>教育设施布局相关政策及发展动态；学区划分理论与方法</td><td>掌握既有学区供需关系特征、分析中小学校布局规划及学区划分的主要问题</td><td>问卷调查访谈</td></tr>
<tr><td colspan="2">校长、校园管理人员</td><td>学校发展的历史、现有和规划前景、校舍变迁过程及特征</td><td>掌握既有校园空间的教育需求、演变规律及主要问题</td><td>问卷调查访谈</td></tr>
<tr><td colspan="2">专任教师工作人员</td><td>教学需求与空间环境的关系；空间使用问题及建议</td><td>了解不同教育理念和教学模式下校舍空间环境的特征及与使用者的关系</td><td>校园使用后意见反馈</td></tr>
<tr><td rowspan="2">中小学校空间</td><td>总体布局</td><td>校园选址、布局、规划模式、用地规模、组合形式</td><td>全面分析既有校园的布局选址、教学模式、空间构成及品质特征</td><td>拍照、测量、绘制图纸</td></tr>
<tr><td>建筑空间</td><td>主要功能用房的面积、尺寸、设施配置、位置、数量等</td><td>详细掌握既有中小学校空间功能构成、模式、面积</td><td>观察、拍照、测量</td></tr>
<tr><td colspan="2">学生</td><td>空间的使用率；使用者的主要问题、使用需求及建议；校园使用主体行为特点及方式</td><td>了解使用者的使用方式、使用要求、使用满意度等；建立使用评价体系</td><td>行为观察、问卷调查、访谈</td></tr>
<tr><td colspan="2">校园周边公共服务设施</td><td>校园周边公共服务设施规模、布点、类型、空间构成及模式</td><td>掌握既有中小学校与周边公共服务设施、环境的相互位置、距离及使用关系</td><td>问卷调查、访谈、绘制图纸</td></tr>
</table>

（3）比较研究法

通过国内外学区演变、国内外中小学校建设历程的对比研究，梳理学区及学校演变规律，定性认知学区、学校差异化的现有影响。在此基础上，根据公立义务教育学校的基础配置、分布情况及适龄学生的分布状况，将国家标准、地方条例与学区、学校现有指标进行比对，在调研数据支撑的基础上，利用 SAS 软件、GIS 空间分析等方法进行处理，并进一步通过相关性分析、多元线性回归分析与主成分回归分析，得出学区就学需求的测算模型，形成对既有中小学校空间计划的指导意见。

（4）系统归纳法

归纳是从个别性的前提推论出一般性结论的推理方法，是从个别到一般，寻求事物的普遍特征的认识方法。系统归纳法则把研究对象当作一个系统整体，课题通过实例调研、案例分析、现有评价的相关研究成果，归纳适应提升学校空间环境的方法与路径，破解规范制约下中小学校的办学困境，为完善学校与学区空间统筹计划提供基础。

## 1.5.2　路线框架

研究路线框架示意如图 1.1 所示。

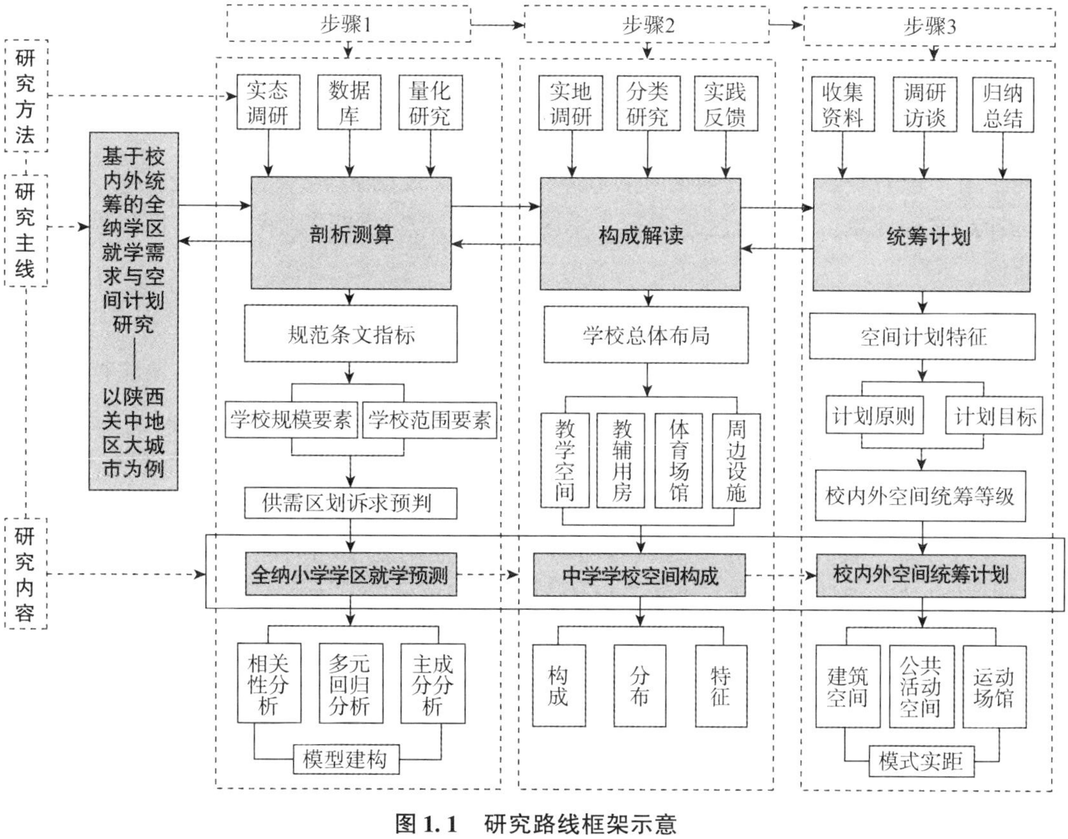


图 1.1　研究路线框架示意

## 第2章

# 学区、学校发展建设启示

## 2.1 国内外学区的发展认知

### 2.1.1 国内学区发展

民国时期，在一批教育界有识之士的倡导下，我国进行了两年的学区管理尝试。在21世纪初，由于教育资源配置不均衡和传统教育发展模式的影响，导致了全国的“择校热”现象；针对这种现象，部分地区也进行了学区的划分。总的来说，我国的学区发展分为以下两个阶段。

（1）学区萌生期

1922年3月，蔡元培在其发表的《教育独立议》一文中提出，教育必须获得独立，并且对于实行超然的教育拟定了具体的办法。他主张，“分全国为若干大学区，每区立一大学；凡中等以上各种专门学术，都可以设在大学里面，一区以内的中小学校教育，与学校以外的社会教育……都由大学办理。大学的事务，都由大学教授所组织的教育委员会主持。”1927年6月6日，蔡元培倡导变更教育行政制度。他阐述了当时教育的纷乱与种种弊端，并进一步提出“亦仿法国制度，以大学区为教育行政单位”。

（2）学区探索期

2006年有人大代表呼吁建立学区管理体制，从根本上扼杀“择校风”，他认为只有使各公办学校办学条件相对均衡，为群众提供平等的教育资源，才能解决目前社会上的择校问题。因此，全国部分地区以学区管理为突破口，开始探索促进教育均衡发展的途径与方法。

自2004年开始，北京市东城区实行学区化管理。按照中学、小学和幼儿园优质资源的地理分布，将东城区10个街道划分为5个学区，使每个学区内都配置各级各类具有优质教育资源的品牌学校。在教育系统内部，实现设施、设备的共享，课程资源共享和人力资源共享，最大限度发挥区域内优质教育资源的辐射、带头作用。在学区内实现资源融通，充分发挥区域内各类教育资源的功能，联合幼儿园、小学、职高、成人教育机构、校外、分院及市民文化学校和社区文化娱乐性机构等，共同承担社区教育功能；学区间也可相互融通。从而为学区内学校与街道社区的密切联系搭建了平台。

从2007年开始，浙江省宁波市江东区（现已并入鄞州区）实行学区管理，依照学校的地理位置、历史传统、发展水平等因素，把每4、5所学校组成一个“共同发展学区”，一般包括一所初中和几所与之对应的小学。江东学区在以各所学校保留自身特色的前提下，以促进学区内学校共同发展、合作共赢为目的，共享学校的特色资源，使教师由“学校人”逐渐变为“学区人”。宁波市的主要做法是制订学区教育发展规划，实行学区内教育教学一体化管理和捆绑式评价。在学区的统一规划下，定期联合开展一些教师活动和学生活动。教育设施、设备资源共享，使有限的教育资源获得更大的产出。课程资源共享，使小学生可以去其他学校“留学”，初中生也能“回炉”小学。此外，河北省承德市、吉林省长春市、四川省都江堰市等地区的相关部门也都对学区管理进行了探索与实践。

### 2.1.2 国外学区发展

(1) 美国学区

美国教育管理体制实行联邦、州、学区三级分权制。联邦政府主要负责全国教育信息的调查、统计和反馈以及各州教育资源的配置。州不仅负责地方教育的决策和规划，也负责教育政策的贯彻和对各级学校教育教学工作的督导。学区既是州对教育进行管理的行政单位，直接负责管理学校事务，也是学生上学的区域单位。在殖民地时期，欧洲各地移民来到美洲后，聚集而居，逐渐形成小的市镇，称为社区。移民按照欧洲传统进行自治，自行设置和管理学校，儿童就地入学，“社区”也被因此称为“学区”。美国学区制呈现出两个特点：一是权力有限，由于学区是州对地方教育直接管理的责任单位，虽然具有财政独立权，但只能在州教育法律法规的约束下开展工作，其权利受到一定的限制；二是形式多样，美国学区的类型、规模和数量多种多样。一个州内可能存在镇学区、市学区、县学区、独立学区等多种形式。各州学区的规模和数量也大不相同，有的州只有二十几个学区，有的州拥有几百个学区。各个学区的学生数量从几百名到几万名不等。学区是美国教育管理最基层的单位，类似于中国的基层教委或者教育局。美国的学区实行“三级管理，地方分权；董事决策，校长负责；学区行政，社会监督；财政单列，法律至上”的管理制度。

(2) 法国学区

法国的教育管理体制实行中央政府、学区、地方三级。中央政府主要负责对全国教育的管理与监督。学区是中央政府对地方教育进行管理的行政单位，直接负责管理地区学校事务。拿破仑一世时按照区域划分帝国大学，法国的学区由此诞生，最初有29个，其首府是上诉法庭所在的城市。法国学区呈现出两大特点：一是权力集中，学区是省级教育部门，是国民教育的行政管理单位，并具备法人资格，有仲裁和纪律惩戒方面的权利，有学校计划、经费资助、校舍建设、机构设备的配置等建设方面的权利，有教学人员与非教学人员的管理与聘用权，有教学服务的组织、继续教育和考试权，有行政与财务监管权等；但其只能在国家教育法律法规的约束下开展工作，在自己的大区内执行教育政策，对公共教育进行行政管理。二是形式多样，法国学区的管理范围、跨省数目、自然特点、历史、发展、第二阶段入学率、大学生数目等各不相同。学区形式的多样主要与学区所在的大区之间的社会、经济、文化发展的不平衡相关。如图卢兹学区包括8个省，巴黎学区则只有一个省，这使他们之间的管理方式不同；凡尔赛学区学生数目是利摩日学区的8倍，这反映了两个学区之间规模和学生数目的不同，这一不同，导致两个学区承担任务的性质、组织方式、功能和督导工作也不同。

(3) 日本学区

1872年8月，日本颁布的《学制法》中设立了教育和学校的新制度，它是新教育政策的基本法。《学制法》把日本全国分为8个大学区，每个大学区下设32个中学区，每个中学区又分成210个小学区，每个小学区设一所小学，全国总共设53 760所小学。这个政策提出了一种新的学区制度作为教育行政管理的法律制度。

日本学区呈现出以下3个特点：一是日本在教育资源方面力求均衡，该国在1955年制定的《关于义务教育诸学校国库负担设施费法》中规定，小学生上学距离上限是4 km，初中生上限是6 km，农村亦然，这和教育的均一化密不可分。正因教育资源相对均衡，不用选择离家远的重点学校，避免了择校风潮，就近入学成为可能。

二是日本小学在师资力量方面力求均衡，公立学校的教师、校长都属于国家公务员，必须通过国家考试上岗，并由国家直接发放薪水，这就避免因各地经济水平不均衡，导致教师薪资出现差异。在同薪基础上，日本所有教师和校长在一定地域内实行轮换制，教师每6年就会被调换到新学校任教，校长更是跨区域换岗。这就保证了在学生就近入学的范围内，所有公立学校的师资水平都是相近的。既然没有了固定的“名师”，也就没有了固定的“名校”。

三是日本小学在硬件设施方面力求均衡，这一点在关于义务教育的法律中也有着明确的规定。这些设施主要由地方政府负责建设和维护，国库负担一部分费用。而每个地方政府都会下大力气建设当地的中小学设施，因为如果中小学设施不“硬气”，很多有孩子的家庭就不会选择在当地居住，就会影响当地经济。无论是在东京、大阪这样的大都市，还是人口不足万人的地方小镇，所有公立学校的设施几乎都是一样的。哪怕一所学生不足百人的中学，也会有音乐室、比赛用游泳池、足球场、综合性体育馆等完备的硬件设施，教学楼也依照最高安全标准建设。

## 2.2 我国中小学校建设历程

随着中华人民共和国的成立，我国的教育事业走上了快速发展之路。广大教育工作者在党和国家的领导下，为探索社会主义教育发展道路、提高我国义务教育的普及水平进行了艰苦卓绝的努力，并给我国的教育改革积累了大量的经验。与此同时，中小学校的规划与建设几经波折，从计划主导到效益主导发展，从追求均衡向追求效益转变。基于我国义务教育的发展特征，本书将中小学校建设发展历程分为起步与缓慢期、计划与均衡期以及经济与效益期三个阶段。

### 2.2.1 起步与缓慢期（1949—1977 年）

中华人民共和国成立伊始，党和政府就高度重视国家的教育问题，将发展和普及教育放在了国家建设的重要位置。1949 年 9 月，《中国人民政治协商会议共同纲领》规定，“要有计划有步骤地实行普及教育”。1958 年，小学教育以空前速度发展，学龄儿童入学率达到这一时期的最高点（见图 2.1）。然而，由于当时总人口数量较少，所以学龄儿童的规模也相对较小；另外，私塾等教育方式的存在以及人民教育观念的落后，也使得部分学龄儿童不在学校上课或者不上学。

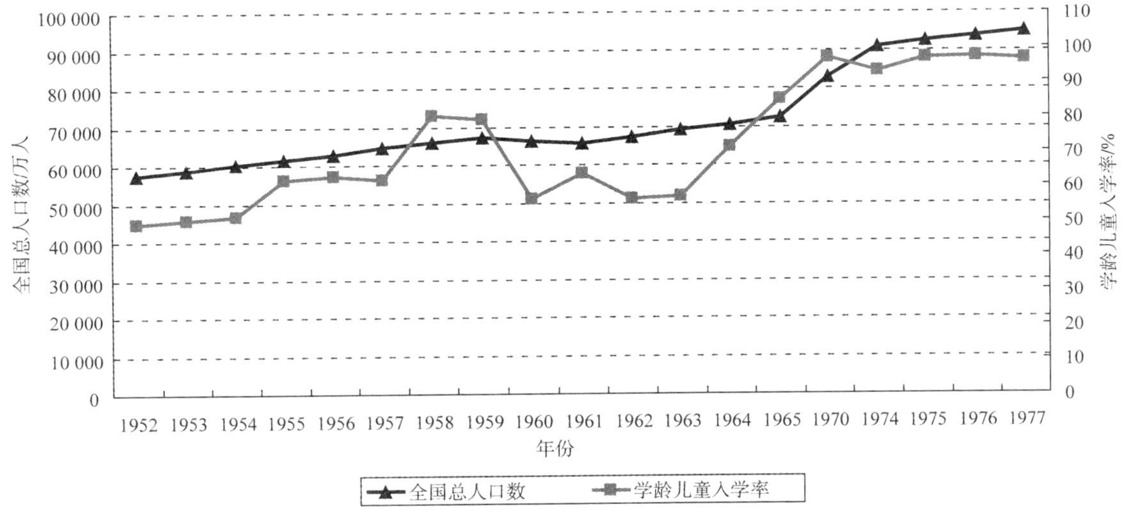


**图 2.1 起步与缓慢期全国总人口数与学龄儿童入学率**

随着社会环境逐步稳定，党和国家的办学政策极大地调动了人民群众的办学热情，各地的工厂、人民公社都积极参与到办学当中来，中小学的建设数量随之迅速增加（见图 2.2）。正因学校数量的增加，校均规模呈现先增加后回落的趋势（见图 2.3）。

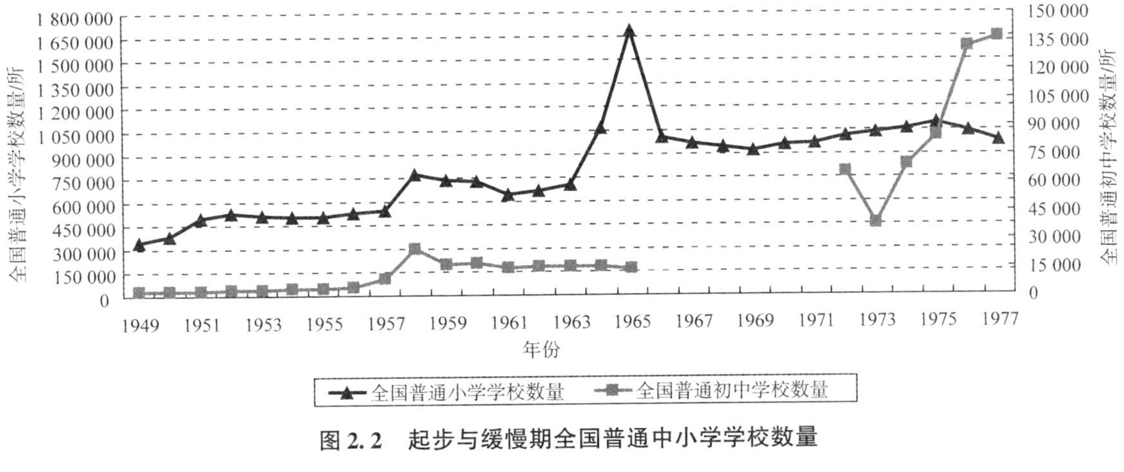


**图 2.2 起步与缓慢期全国普通中小学学校数量**

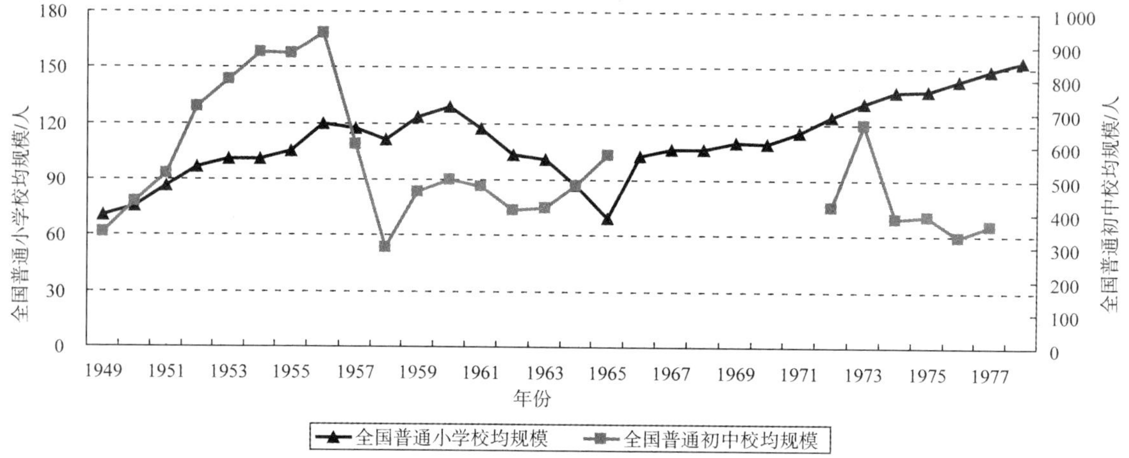


**图 2.3　起步与缓慢期全国普通中小学校均规模**

## 2.2.2　计划与均衡期（1978—2000 年）

在党中央、国务院的领导下，通过各级教育部门的努力，1978—1990 年间，我国普及义务教育工作特别是普及初等义务教育工作取得了比较显著的成绩。据统计资料显示，全国 90%左右的人口接受了初等教育，82.8%的县基本完成了初等教育的普及工作。与此同时，小学生辍学率有所下降、巩固率有所提高。1990 年，小学的辍学率下降到 2.36%。1985 年全国小学生的巩固率为 96.6%，1990 年达到了 97.8%。该时期基本完成了小学教育的普及目标，但初中教育的普及成效并不理想（见图 2.4）。

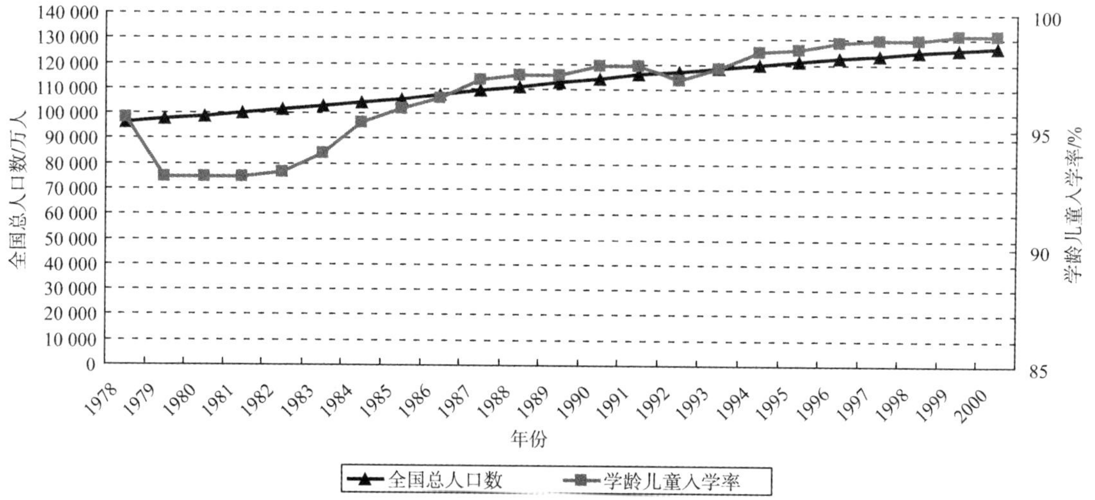


**图 2.4　计划与均衡期全国总人口数与学龄儿童入学率**

由于该时期仍以计划经济体制为主导，且中小学校的规划和建设大多按城市人口规模的预测量和规范、定额等标准配建，因此，在城市范围内中小学校的布局较为均匀，配套也较为相近。如图 2.5 所示，1978—1990 年间，中小学校均规模差异不大，社会公平性在一定程度上得到体现。但由于受传统计划经济的思想观念和方式、方法的影响，各地区对中小学校建设大多采用《城市居住区规划设计规范》（GB 50180-93），既没有考虑由于人口下降而带来的学龄儿童规模的整体减少和人口流动而带来的学龄儿童规模骤减或骤增等变化，也没有充分考虑地区差异越来越大的实际情况，在一定程度上造成中小学建设布局过于均匀。从 1991 年开始，全国各地相继开展学校布局调整工作，直接反映出学校规划数量与当地学校的实际需求量不符的现状，且规划部门与教育部门各自为政，分别出台了规划和建设标准，造成了学校规划成果的不统一和实施的不协调，校均规模差异显著且规模聚集提高。

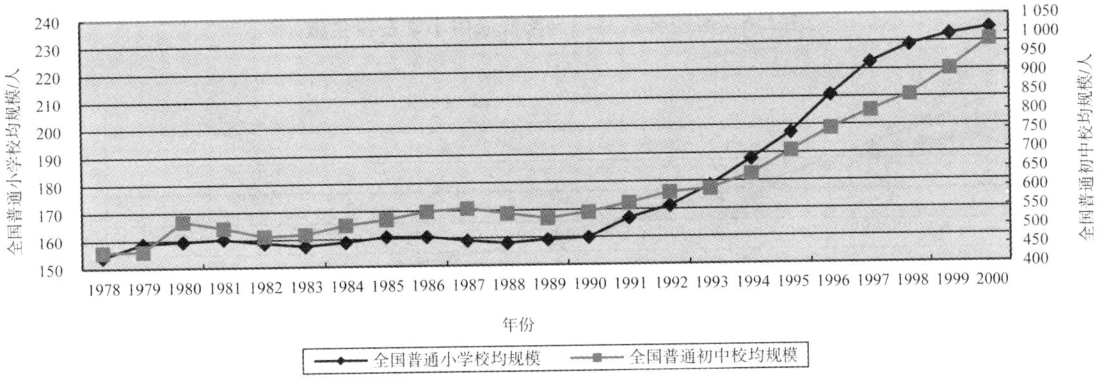


**图 2.5　计划与均衡期全国普通中小学校均规模**

## 2.2.3　经济与效益期（2001 年—至今）

从《中华人民共和国义务教育法》颁布到 20 世纪末，我国义务教育取得了飞跃式的发展。但是，进入 21 世纪，我国教育事业面临着来自各方面的挑战，一方面，亟需解决义务教育发展的均衡问题，缩小城乡教育差距，改造大中城市的薄弱学校；另一方面，随着普及程度的提高，实现义务教育从量的规模普及向质的提升转变也迫在眉睫。因此，按原有按标准配建中小学校的方法已不合时宜，部分城市开始尝试寻找适合当地实际的中小学配套方法，并大多按效益优先原则采取缩减学校数量、增加学校规模的措施。

从数量而言，这一时期"改薄"成效突出，虽然中小学生的数量与学校数量都在减少，但中小学校数量下降速度明显更快，学校的校均规模持续提高，如图 2.6～2.8 所示。同时，这一时期学校建设的浪费与短缺问题也日益突出，一方面，部分学校属于规模小、办学效益低的"麻雀学校"，对有限土地和教育资金带来了极大的浪费；另一方面，部分地区学校数量配置不足，学校的实际服务范围超出规划要求的服务半径，导致部分学生因上学距离过远而辍学。

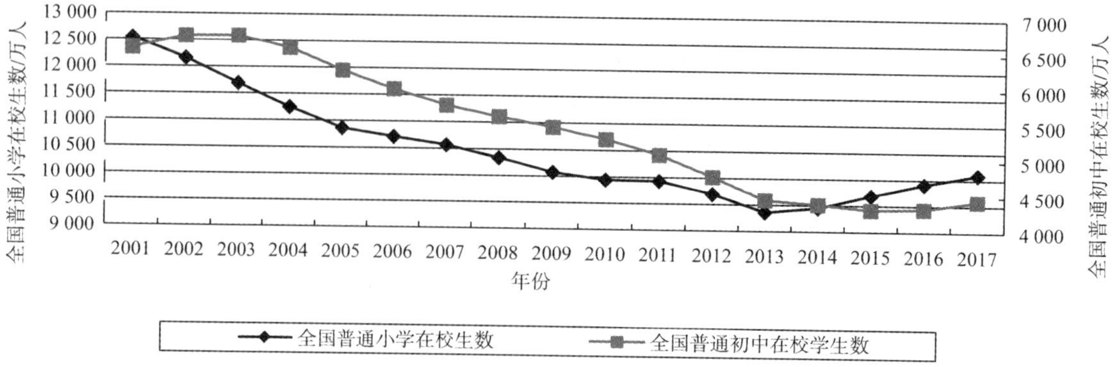


**图 2.6　经济与效益期全国普通中小学在校生数**

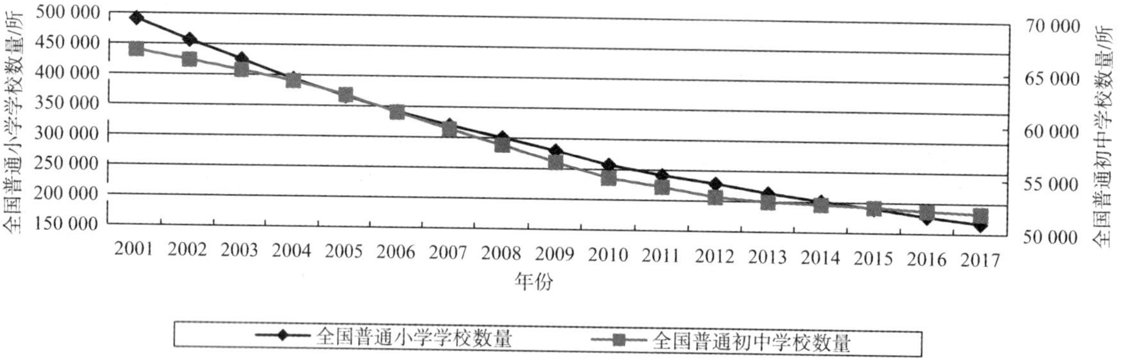


**图 2.7　经济与效益期全国普通中小学学校数量**

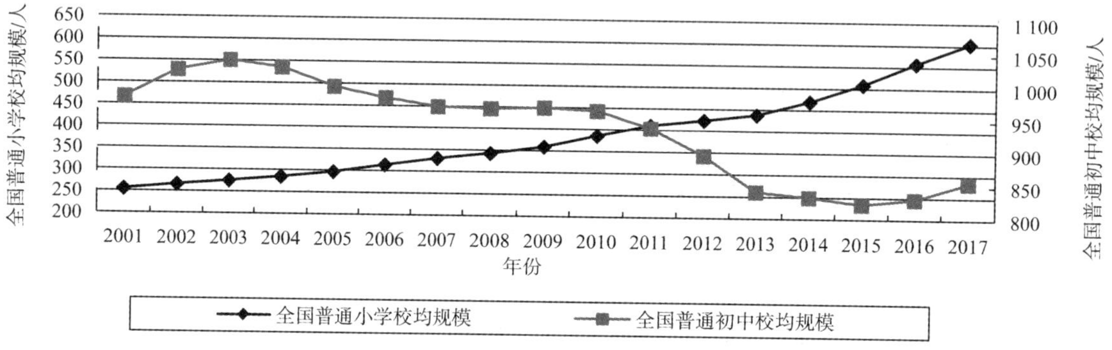


**图 2.8　经济与效益期全国普通中小学校均规模**

## 2.3　陕西关中学校学区调研启示

纵观课题对于国内外学区和国内外中小学校建设历程的梳理，并通过调研得出，陕西关中地区大城市中小学校与学区的现状呈现出如下 4 个方面的特征。

### 2.3.1　学区落地性不强

公立学校责权不明、混乱致使“学区”划分落地性较差。学区建设应当以均衡利用公共教育资源、缓解家庭-社会压力、促进教育公平为目标，这是近几十年来国外学校建设的重要经验。近年来，国内相关部门借鉴国外成功做法，积极探讨中小学校学区制的规划与建设，基本完成了各地的学区划分。但从实际调查的情况看，在陕西关中地区大城市现有的学区规划中，有三大问题非常明显：1）现有学区规划依托的数据不够科学，方法逻辑性不够缜密；2）学区划分重视“户籍”人口，没有计入“非户籍”人口子女，学区之内非“全纳”；3）受多种因素影响，学区之外入学“不断”。表 2.1 为 XA 市既有小学学区划分存在的问题。

**表 2.1　XA 市既有小学学区划分存在的问题**

| 学区范围 | 存在问题 |
| --- | --- |
| 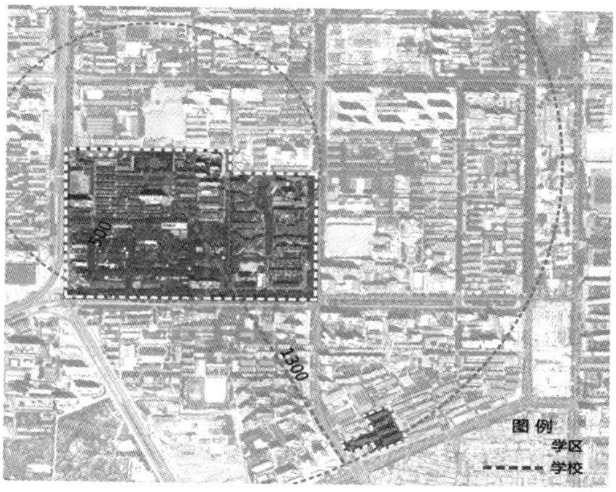 | 问题 1：学区范围过小且学校处于边缘位置<br>JHNL 小学学区的学校处于学区的边缘位置，且学校 500 m 范围内有一半的区域未纳入学区范围内，而将离 1.5 km 外的部分居住区纳入学区范围，很是突兀<br>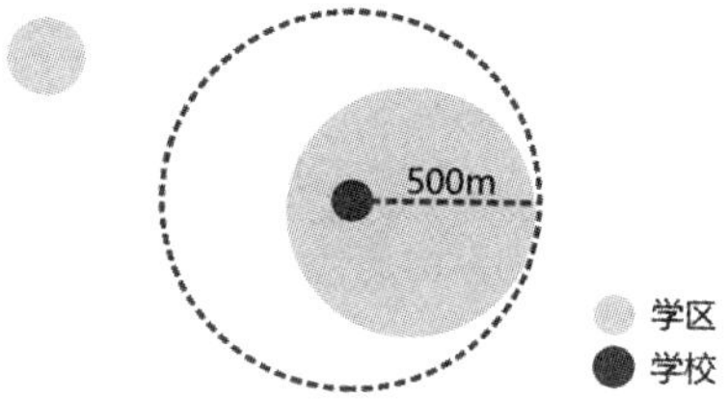 |
| 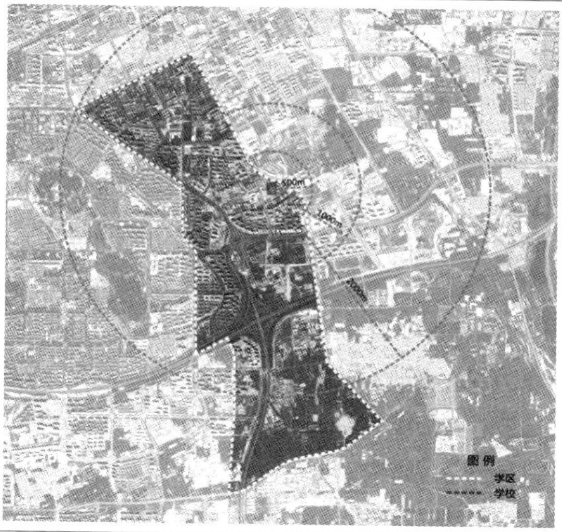 | 问题 2：学区范围过大且学校处于边缘位置<br>QJEX 小学学区的覆盖范围很大，最远的地方距离学校超出 2 km，严重超出规范所规定的小学 500 m 服务半径，同时学校处于学区的边缘位置<br>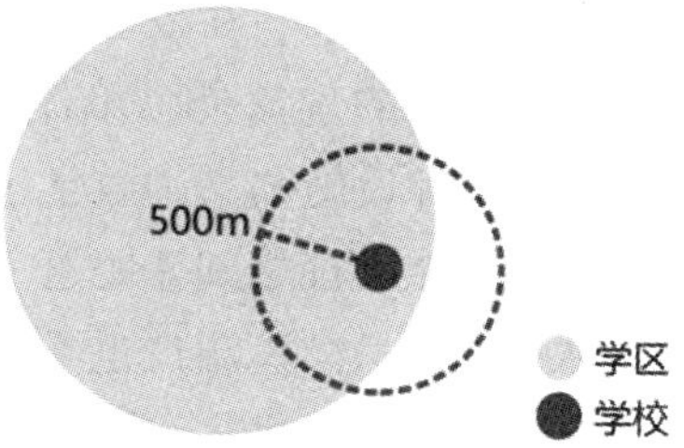 |

续表

<table>
<tr><th>学区范围</th><th>存在问题</th></tr>
<tr><td>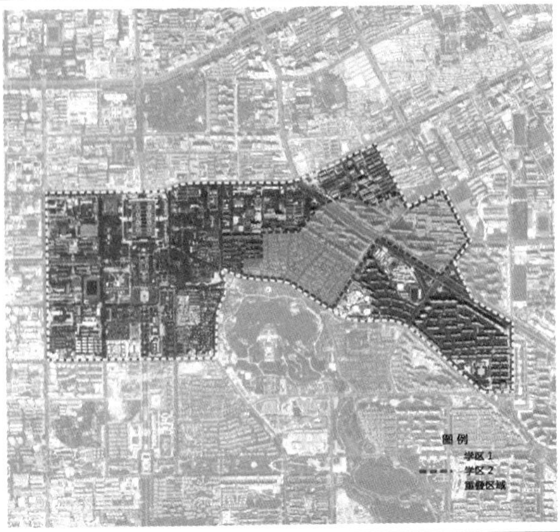
</td><td>问题3：学区交叉重叠，学区套学区现象突出<br>QJYX 小学学区与 CHL 小学学区有相交重叠区域<br>
</td></tr>
<tr><td>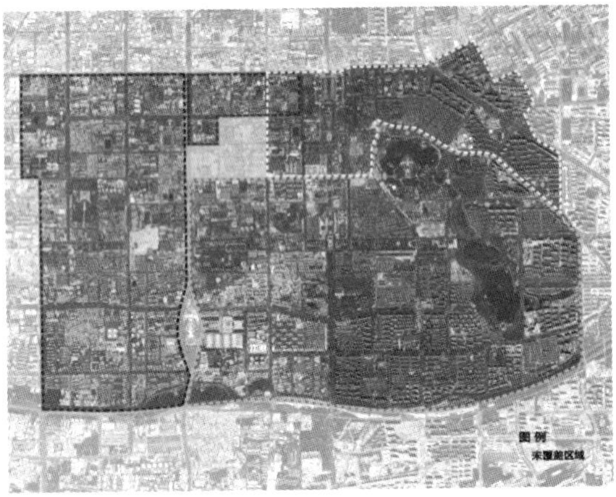
</td><td>问题4：学区相离，致使部分区域没有学区归属<br>在学区划分的过程中，小学学区之间会存在留白的区域，留白意味着这部分区域内的学生没有机会选择此学区所对应的学校<br>
</td></tr>
</table>

### 2.3.2 校际差距较大

校际办学条件差距较大，导致学生择校与入学（名校）较难。学校教育资源的规模和学校的容量通常用班级数、在校学生数、师资力量、用地规模等指标来衡量。学校除了在空间布局上存在不均衡的现象外，单体学校的质量也有差距，校际的教育资源分配也不尽合理。先忽略学校硬件设施和教师教学水平的差距，单从规模上就存在较大的差距，加之教育资源配置的不合理使学校之间差距进一步加大，一方面，一些重点、示范性学校人满为患；另一方面，一些普通学校生源严重不足。非均衡发展产生了极为明显的消极后果，一部分学校条件较好，教学设施先进，名师授课，学生受到良好的教育；另一部分学校条件和学校设施落后，师资薄弱，教学质量较差，导致学生不能受到良好的教育。根据实地调研结果（见表2.2和图2.9），并结合学校的位置和内部资源情况，可以将BL区的小学大致分为以下3类。

表 2.2 BL 区小学情况

| 序号 | 学校名称 | 学生数/人 | 班级数/个 | 教师数/人 | 占地面积/m² | 建筑面积/m² | 建校时间/年 |
|---|---|---|---|---|---|---|---|
| 1 | RHZ 小学 | 600 | 12 | 39 | 4 700 | 6 000 | 1943 |
| 2 | XQ 小学 | 600 | 12 | 43 | 8 250 | 3 800 | 1983 |
| 3 | JLC 小学 | 1 045 | 19 | 45 | 4 800 | 3 400 | 1903 |
| 4 | YX 小学 | 900 | 18 | 43 | 9 000 | 4 800 | 1952 |
| 5 | YN 小学 | 600 | 12 | 30 | 3 000 | 1 800 | 2002 |
| 6 | DG 小学 | 600 | 12 | 36 | 4 000 | 3 000 | 1937 |
| 7 | DGNJ 小学 | 600 | 12 | 30 | 6 500 | 2 400 | 1926 |
| 8 | SP 小学 | 320 | 8 | 37 | 6 600 | 8 000 | 1932 |
| 9 | TWDE 小学 | 1 250 | 25 | 27 | 5 500 | 5 000 | 1958 |
| 10 | LJC 小学 | 810 | 18 | 48 | 7 210 | 4 500 | 1929 |
| 11 | ADJ 小学 | 495 | 11 | 41 | 10 000 | 2 600 | 1957 |
| 12 | YTL 小学 | 1 305 | 29 | 66 | 8 900 | 10 000 | 1922 |
| 13 | WYL 小学 | 1 500 | 30 | 82 | 9 000 | 6 300 | 1952 |
| 14 | NM 小学 | 900 | 18 | 63 | 4 300 | 5 100 | 1960 |
| 15 | DXNL 小学 | 3 600 | 60 | 120 | 13 700 | 22 000 | 1922 |
| 16 | HJC 小学 | 600 | 12 | 30 | 5 000 | 2 700 | 1921 |
| 17 | XYT 小学 | 1 400 | 28 | 60 | 26 600 | 5 100 | 1949 |
| 18 | ZQDJ 小学 | 600 | 12 | 32 | 7 600 | 8 200 | — |
| 19 | YY 小学 | 540 | 12 | 31 | 3 500 | 1 750 | 1997 |
| 20 | ZXL 小学 | 1 100 | 20 | 61 | 5 500 | 3 800 | 1986 |
| 21 | WWSZ 小学 | 810 | 18 | 56 | 4 100 | 3 400 | 1944 |
| 22 | ZL 小学 | 540 | 12 | 28 | 3 000 | 2 200 | 1916 |
| 23 | JGL 小学 | 1 650 | 33 | 89 | 5 200 | 5 200 | 1941 |
| 24 | DYS 小学 | 540 | 12 | 39 | 1 700 | 1 800 | 1896 |
| 25 | DTM 小学 | 680 | 17 | 41 | 3 600 | 4 000 | 1958 |
| 26 | TWX 小学 | 2 695 | 49 | 100 | 9 500 | 9 200 | 1958 |
| 27 | JHNL 小学 | 495 | 11 | 27 | 9 900 | 4 400 | 1960 |
| 28 | DXNL 小学分校 | 1 200 | 24 | 85 | 9 200 | 9 200 | 1920 |
| 29 | TYL 小学 | 1 100 | 22 | 65 | 8 100 | 6 100 | 1956 |
| 30 | XASFFS 小学 | 1 210 | 22 | 60 | 10 100 | 8 600 | 1908 |

续表

| 序号 | 学校名称 | 学生数/人 | 班级数/个 | 教师数/人 | 占地面积/$m^2$ | 建筑面积/$m^2$ | 建校时间/年 |
|---|---|---|---|---|---|---|---|
| 31 | XALGDXFS 小学 | 1 705 | 31 | 50 | 8 600 | 5 000 | 1972 |
| 32 | XADYDXFS 小学 | 1 050 | 21 | 26 | 6 000 | 4 400 | 1959 |
| 33 | XAJTDXFS 小学 | 1 760 | 32 | 55 | 9 400 | 5 800 | 1897 |
| 34 | XAJZKJDXFS 小学 | 1 320 | 24 | 50 | 7 000 | 6300 | 1956 |
| 35 | XBDYDXFS 小学 | 2 200 | 44 | 128 | 11 000 | 9 500 | 1957 |
| 36 | XBDXFS 小学 | 1 860 | 31 | 100 | 11 000 | 9 500 | 1945 |
| 合计 | — | 40 180 | 783 | 1 963 | 271 060 | 204 850 | — |

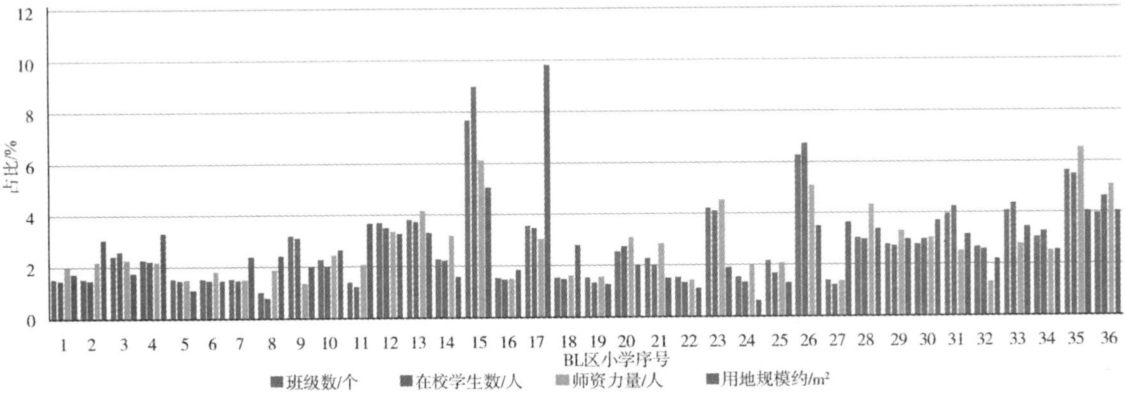


**图 2.9　BL 区各小学学校情况比对**

一类主要是大学或者单位附属的小学，包括 XASFFS 小学、XALGDXFS 小学、XADYDXFS 小学、XAJTDXFS 小学、XAJZKJDXFS 小学、XBDXFS 小学、DXNL 小学、TWX 小学、JGL 小学共 9 所。从表 2.2 中可以看出，这 9 所学校班级数都在 24 个以上，教师数都在 50 人以上，学生和教师总数占了全区总数的近 50%，其中 DXNL 小学、TWX 小学的教育资源优势尤为突出。同时，该类学校中除 DXNL 小学是公办学校之外，其他几所学校都是单位或者之前是单位性质的学校，办学时间长，结合大学或原来单位的资源和设施，办学质量和师资力量都有良好的积累，聚集效应突出；但该类学校的占地面积和学生数量、教师数量严重失调，占地面积不足，几所大学附属的小学都存在与大学共用操场的情况，用地十分紧张；同时，老城区小学普遍存在用地紧张，周边拥挤、环境嘈杂，上学放学时道路交通压力大等问题。

二类是老城区的传统小学，如 XQ 小学、YN 小学、DG 小学、DGNJ 小学、ADJ 小学、ZL 小学等。和大学或单位附属的小学相比，这类小学班级数基本都在 12 个左右，办学规模小、师资力量较差，在校学生数少，学校的教学环境相对落后，学校生源主要为外来务工人员的子女，BL 区户口的适龄儿童较少，由于办学规模过小使得充足的土地资源并没有得到有效的利用，其中个别学校生源过少，甚至面临被合并或关闭等问题。

三类是通过改建之后的小学，如 JHNL 小学、XYT 小学、ZQDJ 小学、ADJ 小学、SP 小学等。这一类学校由于建校时间早，伴随着城市用地扩张，教育资源匮乏，教学质量也不能得到有效保障，导致学校招生不足，但随着改扩建的完成，学校的教育资源配置和办学吸引力的提高，学校发展潜力较大。

### 2.3.3 就学需求失衡

建设用地规模有限与居住人口剧增带来的就学需求难以平衡，严重制约了中小学空间环境品质的达标与提升。陕西关中地区大城市中小学用地，多依托于国家标准规范数据，而由于这一数据确定时间较为久远，导致用地现有通常无法满足目前的就学需求。以 XA 市 GX 区为例，调研呈现出三个问题：一是适龄学生范围大，不仅包括常住人口，也包括集体户口、公寓户口；二是局部就学压力大；三是公立学校需求增加，只有 GX 五小、六小、第二学校、第三中学 4 所公立学校。另外，YT 区 QJ 一期土地面积约 20 $km^2$，小学数量只有 6 所（包括公办和私立），缺口 15 所，从而导致学区划分不合理，如学区范围过于大，学区边界距学校最远超过 4 km，严重超出小学 500 m 的服务范围，违背就近原则。图 2.10 为 GX 区中小学校布局现状。

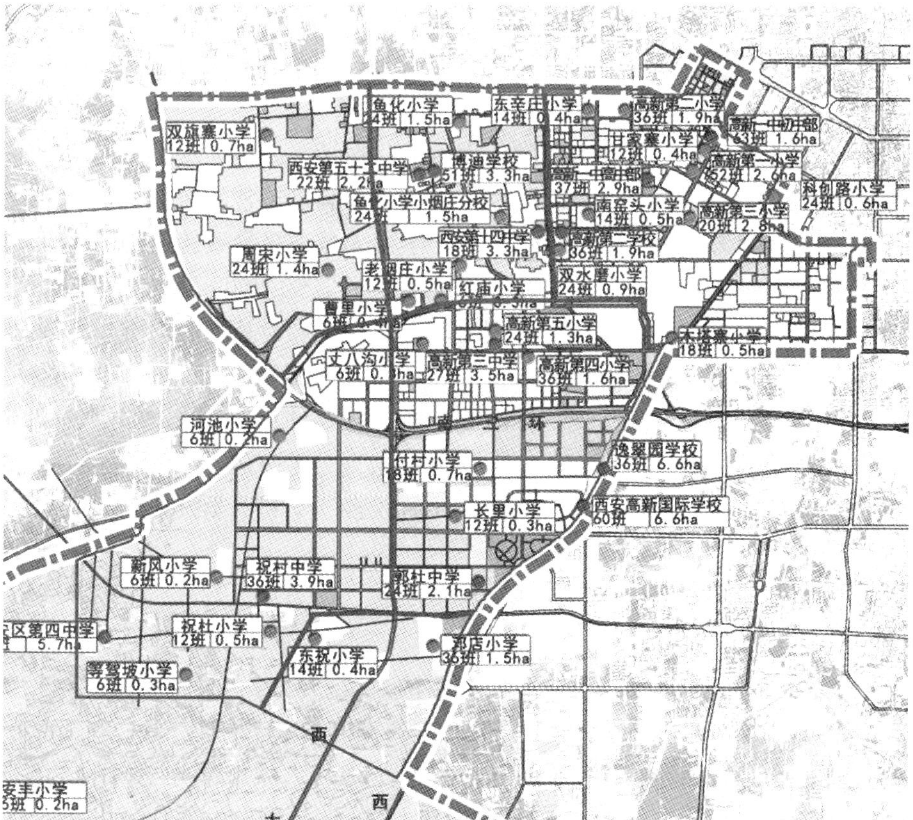


图 2.10 GX 区中小学校布局现状

### 2.3.4 空间环境品质不高

学区与学校的学位供需关系不均、就学需求失衡，是由优质教育资源的不足所带来的跨学区引起的，并且跨学区进一步加大了大班额现象。其中，XA 市的优质教育资源主要集中在城六区，通过对 BL 区公办小学的平均班额进行调研得出，全区的 36 所公办小学中有 26 所公办小学不同程度地超出了核定学位。如图 2.11 所示，45 人<平均班额≤50 人的有 17 所小学，占总数的 47%；50 人<平均班额≤55 人的有 7 所小学，占总数的 19%；在 55 人<平均班额≤60 人的有 2 所小学，占总数的 6%。

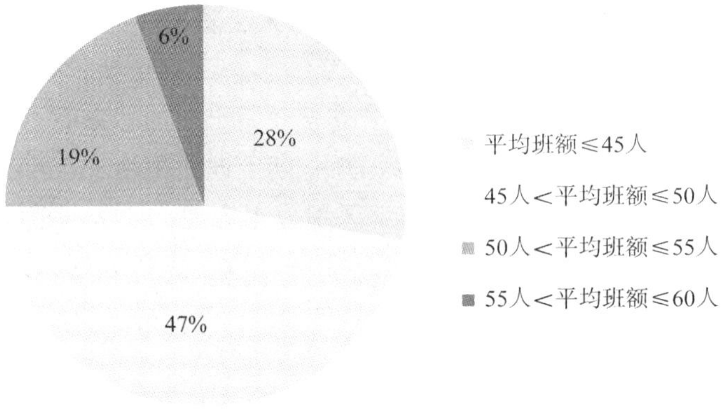


**图 2.11 XA 市 BL 区小学平均班额**

优质教育资源的缺失，导致学生就学压力过大。在学校用地无法扩张的情况下，学生人数的增加使得各项生均指标下降。与此同时，学校为了满足正常的教学需求，首先就要满足普通教室的需求，但绝大部分学校都出现了由于学生人数增多导致普通教室不够用，进而侵占部分功能教室的现象。如此一来，学校的用地限制了学校的空间发展，致使学校空间环境品质不断下降。加之以 20 世纪 80 年代形成的学术研究成果为基础的中小学空间环境建设标准规范一直沿用至今，虽发挥了积极作用，但面临新的建设问题，现行标准规范中的部分指标条文明显存在缺失；另外，我国规范标准编制既按建筑使用类型（如中小学等），又按建筑构件、材料（楼梯、面砖等），还按其他性质（老人、无障碍等），现行的标准规范不仅自身体系庞杂，而且相互之间存在交叉重叠，矛盾较多，不利于学校空间品质的提升。

## 2.4 本章小结

中小学教育发展经历了从无到有，不断进步的过程。国内学区发展较之国外历时较短，且理论上以“就近入学”为原则，根据入学人口的空间分布和学校规模、服务半径等，合理划分学区，然而在现实操作中不难发现，陕西关中地区大城市部分学区的设置并不合理，甚至人为地造成了供需状况在空间上的失衡。同时，应该从历史发展角度将义务教育发展与中小学校的建设、布局等对应起来予以解读，首先，在中小学校建设发展的起步与缓慢期对应于中小学校布局的粗放阶段，其低投入、低重心、广分布、粗放式的格局，一方面大大推动了我国义务教育的普及，另一方面又为提高义务教育普及水平、教育质量及教育均衡发展带来了巨大的困扰；其次，在中小学校建设发展的计划与均衡期，中小学校的规划和建设大多按城市人口规模的预测量和规范、定额等标准配建；最后，在中小学校建设发展的经济与效益期，更多新的发展形势和矛盾摆在了城乡教育改革的面前。通过对陕西关中地区大城市样本学校和学区的实地调研发现，学区落地性较差、校际差距较大、就学需求失衡以及学校空间品质不高等问题尤为突出，从而为探讨学校与学区供需诉求以及学校空间品质提升提供了详细的实证依据和理论基础。

第3章

# 学校、学区供需要素剖析

## 3.1 规范条文指标解读

### 3.1.1 国家规范

指导城市中小学规划建设的现行规范标准主要由教育部、住房和城乡建设部两个部门主编制定，包括《城市普通中小学校校舍建设标准》《中小学校设计规范》（GB 50099—2011）、《城市居住区规划设计标准》（GB 50180—2018）和《汶川地震灾后重建学校规划建筑设计导则》（见表3.1），并与各省市制定的相关办学条例互为补充，从而形成了一套相对完整的自上而下的规范体系。而且各地方的国民经济和社会发展规划、地方政府工作报告等也都涉及了教育发展、建设的相关内容。

**表3.1 国家现行中小学规划建设规范标准体系**

| 标准内容 | 《城市普通中小学校校舍建设标准》 | 《中小学校设计规范》（GB 50099—2011） | 《汶川地震灾后重建学校规划建筑设计导则》 | 《城市居住区规划设计标准》（GB 50180—2018） |
|---|---|---|---|---|
| 施行时间 | 2002年7月 | 2012年1月 | 2008年10月 | 2002年3月 |
| 批准部门 | 建设部、国家发展计划委、教育部 | 住房和城乡建设部 | 教育部、住房城乡建设部、国家发展改革委 | 建设部 |
| 主编部门 | 教育部 | | 建设部 | |

续表

| | | | | |
|---|---|---|---|---|
| 适用对象 | 适用于城市新建普通中小学校建设项目的规划设计和建设 | 适用于城镇、农村中小学校新建、改建、扩建工程的策划、规划与建筑设计工作 | 适用于指导汶川地震灾区灾后重建的普通中小学校、幼儿园的规划建筑设计 | 城市居住区的规划设计 |
| 章节内容 | 1. 总则<br>2. 学校建设规模与校舍用房的组成<br>3. 学校网点布局、选址与规划设计<br>4. 校舍建筑面积指标<br>5. 校舍主要建筑标准 | 1. 总则<br>2. 术语<br>3. 基本规定<br>4. 基建和总平面<br>5. 教学用房及教学辅助用房<br>6. 行政管理和生活服务用房<br>7. 主要教学用房及教学辅助用房面积指标、净高和建筑构造<br>8. 室内环境<br>9. 建筑设备 | 1. 总则<br>2. 术语<br>3. 建设规模和校舍构成<br>4. 建设用地指标<br>5. 布局与选址<br>6. 校园规划<br>7. 建筑设计<br>8. 结构设计<br>9. 建筑设备 | “公共服务设施”章节中关于教育设施的指导原则与控制指标 |

通过对国家现行中小学规划建设规范标准体系的解读，可将其划分为3个层面：第一层面为宏观教育发展指标体系，是宏观指导政府发展教育事业的一系列标准化、系统化的量化指标，涉及教育发展战略、教育需求预测以及与相关规划（国民经济和社会发展规划、教育发展规划、城市总体规划）的协调等方面，具体包括入学率、学龄人口城镇化率、千人学生数等；第二层面为中观的规模控制指标体系，如学校规模、建设标准、地块控制标准等，需要与城市总体规划、详细规划紧密衔接，依托总体规划使得学校布局和实施与各相关规划对接，依托详细规划使得布局和实施更加切合居住空间和人口分布，提高布局和实施的可操作性；第三层面为由生均面积指标（用地面积、建筑面积、绿化面积、体育活动场地）所构成的微观指标体系，是指导中小学具体建设的重要依据。

本书对学校、学区要素的审视，侧重于中观和微观两个层面；同时，根据国家现行规范标准对普通小学和初级中学所涉及的班级数量（班数）、班级人数（班额）、生均用地面积、生均建筑面积以及服务半径等指标进行重点比对（见表3.2、3.3）。

表 3.2　关于普通小学的相关规范指标

| 规范标准 | 指标类型 | | | | | | |
|---|---|---|---|---|---|---|---|
| | 学校类型 | 班数/个 | 班定额/人 | 生均用地面积/m² | 生均建筑面积/m² | | 服务半径 |
| | | | | | 基本指标 | 规划指标 | |
| 《城市普通中小学校校舍建设标准》 | 完全小学 | 12 | 45 | — | 6.60 | 10.00 | 就近走读入学 |
| | | 18 | 45 | — | 5.80 | 8.30 | |
| | | 24 | 45 | — | 5.40 | 7.90 | |
| | | 30 | 45 | — | 5.20 | 7.20 | |
| | 九年制学校 | 18 | 45（小）50（中） | — | 6.50 | 9.30 | |
| | | 27 | | — | 5.80 | 7.90 | |
| | | 36 | | — | 5.60 | 8.00 | |
| | | 45 | | — | 5.50 | 7.80 | |
| 《中小学校设计规范》（GB 50099—2011） | 完全小学 | 12 | 45（近）40（远） | — | — | — | ≤500 m |
| | | 18 | | — | — | — | |
| | | 24 | | — | — | — | |
| | | 30 | | — | — | — | |
| | 九年制学校 | 18 | 45（小）50（中） | — | — | — | |
| | | 27 | | — | — | — | |
| | | 36 | | — | — | — | |
| | | 45 | | — | — | — | |
| 《汶川地震灾后重建学校规划建筑设计导则》 | 完全小学 | 12 | 45（近）40（远） | 32.58 | 6.80 | 10.00 | |
| | | 18 | | 27.27 | 5.90 | 8.30 | |
| | | 24 | | 24.80 | 5.50 | 7.90 | |
| | | 30 | | 24.29 | 5.20 | 7.20 | |
| | 九年制学校 | 18 | 小学45（近），40（远）；中学50（近），45（远） | 27.97 | 6.50 | 9.30 | |
| | | 27 | | 25.52 | 5.80 | 7.90 | |
| | | 36 | | 25.16 | 5.60 | 8.00 | |
| | | 45 | | 28.03 | 5.50 | 7.80 | |
| 《城市居住区规划设计标准》（GB 50180—2018） | 小学 | 12 | 45 | ≥11.1 | — | — | ≤500 m |
| | | 18 | 45 | ≥8.64 | — | — | |
| | | 24 | 45 | ≥7.4 | — | — | |
| 备注 | （小）指小学，（中）指中学；（近）指近期，（远）指远期 | | | | | | |

**表 3.3　关于初级中学的相关规范指标**

| 规范标准 | 指标类型 | | | | | | |
|---|---|---|---|---|---|---|---|
| | 学校类型 | 班数/个 | 班定额/人 | 生均用地面积/m² | 生均建筑面积/m² | | 服务半径 |
| | | | | | 基本指标 | 规划指标 | |
| 《城市普通中小学校校舍建设标准》 | 初级中学 | 12 | 50 | — | 7.90 | 11.40 | 就近走读入学 |
| | | 18 | 50 | — | 7.10 | 10.10 | |
| | | 24 | 50 | — | 6.70 | 9.80 | |
| | | 30 | 50 | — | 6.40 | 9.00 | |
| | 完全中学 | 18 | 50 | — | 7.30 | 10.30 | |
| | | 24 | 50 | — | 6.80 | 9.90 | |
| | | 30 | 50 | — | 6.50 | 9.10 | |
| | | 36 | 50 | — | 6.30 | 8.80 | |
| | | 24 | | 34 | 15.31 | | |
| 《中小学校设计规范》(GB 50099—2011) | 初级中学 | 12 | 50（近）<br>45（远） | — | — | — | ≤1 000 m |
| | | 18 | | — | — | — | |
| | | 24 | | — | — | — | |
| | | 30 | | — | — | — | |
| | 完全中学 | 18 | 50（近）<br>45（远） | — | — | — | |
| | | 24 | | — | — | — | |
| | | 30 | | — | — | — | |
| | | 36 | | — | — | — | |
| 《汶川地震灾后重建学校规划建筑设计导则》 | 初级中学 | 12 | 50（近）<br>45（远） | 34.47 | 7.90 | 11.40 | |
| | | 18 | | 29.31 | 7.10 | 10.10 | |
| | | 24 | | 28.57 | 6.70 | 9.80 | |
| | | 30 | | 26.31 | 6.40 | 9.00 | |
| 《城市居住区规划设计标准》(GB 50180—2018) | 中学 | 18 | 50 | ≥12.20 | — | — | ≤1 000 m |
| | | 24 | 50 | ≥10.00 | — | — | |
| | | 30 | 50 | ≥9.33 | — | — | |
| 备注 | （近）指近期，（远）指远期 | | | | | | |

## 3.1.2　地方标准

为推进义务教育阶段学校标准化建设，在地方标准参考环节，本书不拘泥于陕西关中地区的大城市，而是进一步比照除宁夏回族自治区外的西北地区，其余省（区）各教育厅自2009 年以来的有关规定和要求，如各省（区）义务教育阶段中小学办学标准（试行）（见表 3.4、3.5）。其主要包括总则，设置与规划，校舍建设，仪器、设备和场地，教师队伍，学校管理，教育经费和附则。其中，“设置与规划”中规定，城镇完全小学每年级班级数量为2～6个，班定额不超过45人；初中每年级班级数量为4～12个，班定额不超过50人；九年一贯制学校每年级班级数量为2～4个。“校舍建设”中规定，学校校舍建筑及附属设施建设等应符合《中小学校设计规范》（GB 50099—2011）。

**表3.4　西北地区部分省（区）关于普通小学的相关指标**

| 规范标准 | 指标类型 | | | | | | |
|---|---|---|---|---|---|---|---|
| | 学校类型 | 班数/个 | 班定额/人 | 生均用地面积/m² | 生均建筑面积/m² | | 服务半径 |
| | | | | | 基本指标 | 规划指标 | |
| 《内蒙古自治区中小学校办学条件标准》 | 小学 | 12 | 城市、县镇≤45，农村≥25，牧区和偏远山区≥20 | — | — | — | 就近走读入学 |
| | | 18 | | — | — | — | |
| | | 24 | | — | — | — | |
| | 九年一贯制 | 18 | | — | — | — | |
| | | 27 | | — | — | — | |
| | | 36 | | — | — | — | |
| 《甘肃省义务教育阶段学校办学标准》 | 小学（主城旧区） | 农村≥6，城市≥24 | ≤45 | ≥11.40 | ≥5.65 | ≥6.54 | 城市1.5～2万人设1所 |
| | 小学（主城新区） | | | ≥15.00 | — | — | |
| | 小学（主城以外地区） | | | ≥20.00 | — | — | |
| | 寄宿制小学 | | | ≥32.00 | ≥12.25 | ≥13.13 | |
| 《青海省标准化中小学校标准》 | 小学 | 12 | ≤45 | 26.01 | 7.96 | | ≤2 000 m |
| | | 18 | | 23.48 | 6.96 | | |
| | | 24 | | 23.03 | 6.96 | | |
| | | 30 | | 21.46 | 6.96 | | |
| | | 36 | | 19.97 | 6.65 | | |
| 《山西省义务教育阶段学校办学标准》 | 小学 | 6 | ≤45 | 34.00 | — | — | 城市1.5～2万人设1所 |
| | | 12 | | 29.00 | — | — | |
| | | 18 | | 23.00 | — | — | |
| | | 24 | | 20.00 | — | — | |
| | 寄宿制小学 | 12 | | 39.00 | — | — | |
| | | 18 | | 34.00 | — | — | |
| | | 24 | | 32.00 | — | — | |
| | | 12 | | 29.00 | 6.35 | 7.81 | |
| | | 18 | | 23.00 | 5.75 | 6.75 | |
| | | 24 | | 20.00 | 5.66 | 6.54 | |

续表

| 规范标准 | 指标类型 | | | | | | |
|---|---|---|---|---|---|---|---|
| | 学校类型 | 班数/个 | 班定额/人 | 生均用地面积/$m^2$ | 生均建筑面积/$m^2$ | | 服务半径 |
| | | | | | 基本指标 | 规划指标 | |
| 《陕西省义务教育阶段学校办学标准》 | 城市小学 | 12 | ≤45 | 32. 58 | 6. 80 | 10. 00 | 就走读近入学 |
| | | 18 | | 27. 27 | 5. 90 | 8. 30 | |
| | | 24 | | 24. 80 | 5. 50 | 7. 90 | |
| | | 30 | | 24. 29 | 5. 20 | 7. 20 | |
| 备注 | （近）指近期；（远）指远期 | | | | | | |

**表 3.5 西北地区部分省（区）关于普通初中的相关指标**

| 规范标准 | 指标类型 | | | | | | |
|---|---|---|---|---|---|---|---|
| | 学校类型 | 班数/个 | 班定额/人 | 生均用地面积/$m^2$ | 生均建筑面积/$m^2$ | | 服务半径 |
| | | | | | 基本指标 | 规划指标 | |
| 《内蒙古自治区中小学校办学条件标准》 | 初中 | 18 | ≤50 | — | — | — | 就近走读入学 |
| | | 24 | | — | — | — | |
| | | 30 | | — | — | — | |
| 《甘肃省义务教育阶段学校办学标准》 | 初中（主城旧区） | ≥18 | ≤50 | ≥11. 40 | ≥6. 66 | ≥8. 56 | 人口 3 万以上或初中学生数 800 人以上乡镇设 1 所，城市 2～3 万人设 1 所 |
| | 初中（主城新区） | | | ≥20. 00 | — | — | |
| | 初中（主城以外地区） | | | ≥25. 00 | — | — | |
| | 寄宿制初中 | | | ≥34. 00 | ≥15. 31 | ≥13. 41 | |
| 《青海省标准化中小学校标准》 | 初中 | 18 | ≤50 | ≥24. 32 | 8. 67 | | 5 万人以上设 1～2 所，5 万人以下设 1 所 |
| | | 24 | | ≥24. 38 | 8. 80 | | |
| | | 30 | | ≥23. 53 | 9. 47 | | |
| | | 36 | | ≥22. 02 | 9. 02 | | |
| 《山西省义务教育阶段学校办学标准》 | 初中 | 12 | ≤50 | 30. 00 | — | — | 1.5～2 万人乡镇设 1 所，3 万人以上乡镇设 2 所；城市 2～3 万人设 1 所 |
| | | 18 | | 29. 00 | — | — | |
| | | 24 | | 25. 00 | — | — | |
| | 寄宿制初中 | 12 | | 39 | — | — | |
| | | 18 | | 39 | — | — | |
| | | 24 | | 34 | — | — | |
| | | 18 | | 29. 00 | 7. 01 | 8. 92 | |
| | | 24 | | 25. 00 | 6. 66 | 8. 56 | |

续表

<table>
<tr><td rowspan="3">规范标准</td><td colspan="8">指标类型</td></tr>
<tr><td colspan="2" rowspan="2">学校类型</td><td rowspan="2">班数/个</td><td rowspan="2">班定额/人</td><td rowspan="2">生均用地面积/m²</td><td colspan="2">生均建筑面积/m²</td><td rowspan="2">服务半径</td></tr>
<tr><td>基本指标</td><td>规划指标</td></tr>
<tr><td rowspan="4">《陕西省义务教育阶段学校办学标准》</td><td rowspan="4">城市</td><td rowspan="4">初级中学</td><td>12</td><td rowspan="4">50</td><td>34.47</td><td>7.90</td><td>11.40</td><td rowspan="4">就近走读入学</td></tr>
<tr><td>18</td><td>29.31</td><td>7.10</td><td>10.10</td></tr>
<tr><td>24</td><td>28.57</td><td>6.70</td><td>9.80</td></tr>
<tr><td>30</td><td>26.31</td><td>6.40</td><td>9.00</td></tr>
<tr><td>备注</td><td colspan="8">（近）指近期；（远）指远期</td></tr>
</table>

通过对国家规范标准和西北地区部分省（区）制定的关于普通中小学校相关试行指标的总汇、整理发现，地区间对班数、班额的规定几乎无差别，均以国家的规范规定为准则。而对于生均用地面积和建筑面积指标，陕西与山西等地均以国家规范规定的指标为依据，仅有甘肃、青海两地区根据自身现实情况制定了相应的建设标准。虽然各地中小学生均用地指标和建筑指标相差不大，但是国家教育部颁布的普通中小学建设标准受地域影响难以广泛执行，指标的地域性较差，所以在进行中小学校用地规划时应根据各省市现实情况制定相应建设指标。同时，由于地方条例或办法制定的部门不统一，造成建设部门的标准多侧重于建筑面积指标而忽视了对用地面积的限定；教育部门设定的相关建设指标相对较小，对生均用地面积与生均建筑面积的要求不高，较多强调了教育设施、设备的配置与保障，这些都是目前存在的一些问题。

## 3.2 学校规模要素构成

学校规模是学区就学需求测算不可缺少的一环。因此，对学校规模的核定，除包括通常所指的学校所拥有的班级数和学生人数外，还纳入生均用地面积和生均建筑面积，即推行义务教育标准化建设，制定符合地域性的办学标准，规定中小学校应具备最基本的“软件”和“硬件”条件，使每所中小学都能按照地域性标准，拥有基本均等的设施条件和师资条件，缩小各学区内学校之间的差距。

### 3.2.1 班级数量

参照《城市普通中小学校校舍建设标准》《中小学校设计规范》（GB 50099—2011）、《城市居住区规划设计标准》（GB 50180—2018）、《汶川地震灾后重建学校规划建筑设计导则》等现行规范标准，我国中小学校班级数量多控制为6~30个班/校（见表3.6）。西北地区各省根据国家现行规范、标准虽对其中小学校班级数量同样做了规定，但多以现行规范、标准为主，亦控制为6~30个班/校（见表3.7）。

**表 3.6　国家现行规范标准对中小学校班级数量的规定**　　所

| 学校类型 | | 规范标准 | | | |
|---|---|---|---|---|---|
| | | 《城市普通中小学校校舍建设标准》 | 《中小学校设计规范》（GB 50099—2011） | 《汶川地震灾后重建学校规划建筑设计导则》 | 《城市居住区规划设计标准》（GB 50180—2018） |
| 普通小学 | 完全小学 | 12、18、24、30 | 12、18、24、30 | 城市：12、18、24、30 | 12、18、24 |
| | 九年制学校 | 18、27、36、45 | 18、27、36、45 | 城市：18、27、36、45 | — |
| 初级中学 | | 12、18、24、30 | 12、18、24、30 | 城市：12、18、24、30 | 18、24、30 |
| 完全中学 | | 18、24、30、36 | 18、24、30、36 | — | — |

**表 3.7　西北地区部分省份对中小学校班级数量的规定**　　所

| 学校类型 | 规范标准 | | | | |
|---|---|---|---|---|---|
| | 《内蒙古自治区中小学校办学条件标准》 | 《甘肃省义务教育学校办学标准》 | 《青海省标准化中小学校标准》 | 《山西省义务教育阶段学校办学标准》 | 《陕西省义务教育阶段学校基本办学标准（试行）》 |
| 小学 | 12、18、24 | 城市：≥24 | 12、18、24、30、36 | 6、12、18、24 | 城市：12、18、24、30 |
| 九年一贯制 | 18、27、36 | — | — | — | — |
| 初中 | 18、24、30 | ≥18 | 18、24、30、36 | 12、18、24 | 城市：12、18、24、30 |

BL 区作为 XA 市的老城区，由于城市功能逐渐多元化，人口结构日益复杂，流动人口较多，导致基础教育配套供需失衡。另外，由于老城区建设用地紧张，中小学建校实施较为困难，BL 区现有小学多是从办学历史较长的老学校发展起来的，学校占地面积较小，“大班额”“入学难”情况较为严重。通过实地调研发现，BL 区小学班级数量都超出《陕西省义务教育阶段学校基本办学标准（试行）》的规定。如图 3.1 所示，超过最大小学在校生数的学校有 10 所，占学校总数的 20%；班级数量超过 30 个的学校有 7 所，占学校总数的 14%。从对 BL 区各个学校的调研情况来看，各公立小学学校的实际班级数量参差不齐，最大达 60 个，学校规模和班级规模都偏大。

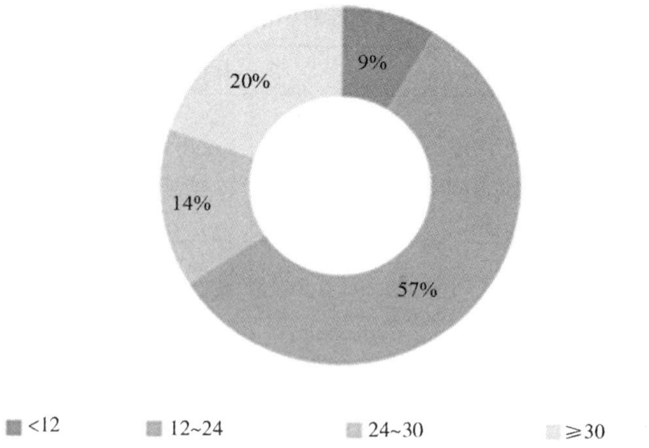


图 3.1　BL 区小学班级数占比统计

同时，进一步比对《城市居住区规划设计标准》（GB 50180—2018）、《中小学校设计规范》（GB 50099—2011）、《城市普通中小学校校舍建设标准》《陕西省普通中小学校、幼儿园办学（园）标准》《西安市城市规划管理技术规定（试行稿）》以及北京、深圳、上海等地区现行规范标准，我国中小学校班级数量多控制为 6 ~ 30 个班/校（见表 3.8）。

表 3.8　城市小学班级数量比对

| 资料来源 | 班级数量/个 |
|---|---|
| 《城市普通中小学校校舍建设标准》 | 12、18、24、30 |
| 《中小学校设计规范》（GB 50099—2011） | 12、18、24、30 |
| 《城市居住区规划设计标准》（GB 50180—2018） | 12、18、24 |
| 《陕西省普通中小学校、幼儿园办学（园）标准》 | 12、18、24、30 |
| 《山西省义务教育阶段学校办学标准》 | 6、12、18、24 |
| 《河南省义务教育阶段学校办学标准》 | 12、18、24 |
| 《西安市城乡管理技术规定（试行）》 | 12、18、24、30 |
| 《上海市普通中小学校建设标准》 | 20、25、30 |
| 《北京市中小学校办学条件标准》 | 12 ~ 24 |
| 《深圳普通中小学建设标准指引》 | 18、24、30、36 |

据此，建议 BL 区小学适宜的学校规模按规范中的较大规模建设，即班级数量设置为 18 个或者 24 个。

## 3.2.2　班级人数

班级人数是指某一特定班级或教学单位所容纳学生人数的多少。社会心理学的研究表明，单位空间内人数过多会导致空间密度过大和拥挤，并对人的心理和生理带来伤害。因此，在一定的教学空间内，学生人数的增加将导致校舍空间的拥挤，人数的减少则可扩大个人占有的面积。另外，从教学的角度看，班级人数首先会影响学生参与课堂活动的机会和程度。在人数较少的班，每个学生都有机会参与教师布置的任务，回答教师的问题，与教师和同学交流；在人数较多的班，教师可能更关注那些反应积极的学生，而忽视一些内向、不积极的学生。其次，班级人数太多，会影响班级的纪律表现，一些学生会在教师监控不到的情况下做出一些问题行为，影响教学的顺利进行。

参照《城市普通中小学校校舍建设标准》《中小学校设计规范》（GB 50099—2011）、《城市居住区规划设计标准》（GB 50180—2018）、《汶川地震灾后重建学校规划建筑设计导则》等现行规范标准对班级人数的规定，普通小学近期每班45人，远期每班40人；初中近期每班50人，远期每班45人（见表3.9）。西北地区7省对中小学校班级人数的界定均以国家现行规范为基准，仅规定了上限，即普通小学每班不超过45人，初中每班不超过50人（见表3.10）。

**表3.9 国家现行规范标准对中小学校班级人数的规定** 人

<table>
<tr><th colspan="2" rowspan="2">学校类型</th><th colspan="4">规范标准</th></tr>
<tr><th>《城市普通中小学校校舍建设标准》</th><th>《中小学校设计规范》（GB 50099—2011）</th><th>《汶川地震灾后重建学校规划建筑设计导则》</th><th>《城市居住区规划设计标准》（GB 50180—2018）</th></tr>
<tr><td rowspan="3">小学</td><td>完全小学</td><td>45</td><td>45（近）<br>40（远）</td><td>45（近）<br>40（远）</td><td>45</td></tr>
<tr><td>全寄宿制完全小学</td><td>—</td><td>—</td><td>45（近）<br>40（远）</td><td>—</td></tr>
<tr><td>九年制学校</td><td>45（小）<br>50（中）</td><td>45（近）<br>40（远）</td><td>小学45（近）40（远）<br>中学50（近）45（远）</td><td>—</td></tr>
<tr><td rowspan="2">初级中学</td><td>初级中学</td><td>50</td><td>50（近）<br>45（远）</td><td>50（近）<br>45（远）</td><td>50</td></tr>
<tr><td>寄宿制初级中学</td><td>—</td><td>—</td><td>50（近）<br>45（远）</td><td>—</td></tr>
<tr><td colspan="2">完全中学</td><td>50</td><td>50（近）<br>45（远）</td><td>—</td><td>—</td></tr>
<tr><td colspan="2">备注</td><td colspan="4">（近）指近期；（远）指远期</td></tr>
</table>

**表 3.10　西北地区部分省（区）对中小学校班级人数的规定**　　人

| 学校类型 | 规范标准 | | | | |
|---|---|---|---|---|---|
| | 《内蒙古自治区中小学校办学条件标准》 | 《甘肃省义务教育学校办学标准》 | 《青海省标准化中小学校标准》 | 《山西省义务教育阶段学校办学标准》 | 《陕西省义务教育阶段学校基本办学标准（试行）》 |
| 普通小学 | 城市、县镇≤45 | ≤45 | ≤45 | ≤45 | 城市：45 |
| 初级中学 | ≤50 | | | | 城市：50 |

同时，进一步比对《城市居住区规划设计标准》（GB 50180—2018）、《中小学校设计规范》（GB 50099—2011）、《城市普通中小学校校舍建设标准》《陕西省普通中小学校、幼儿园办学（园）标准》《西安市城市规划管理技术规定（试行稿）》以及北京、深圳、上海等地区现行规范标准，普通小学近期每班 45 人，远期每班 40 人（见表 3. 11）。

**表 3.11　城市小学班级人数比对一览**

| 资料来源 | 班定额/人 |
|---|---|
| 《城市普通中小学校校舍建设标准》 | 45 |
| 《中小学校设计规范》（GB 50099—2011） | 45（近）40（远） |
| 《城市居住区规划设计标准》（GB 50180—2018） | 45 |
| 《陕西省普通中小学校、幼儿园办学（园）标准》 | 45 |
| 《山西省义务教育阶段学校办学标准》 | ≤45 |
| 《河南省义务教育阶段学校办学标准》 | ≤45 |
| 《西安市城市管理技术规定（试行）》 | 45 |
| 《上海市普通中小学校建设标准》 | 40 |
| 《北京市中小学校办学条件标准》 | ≤40 |
| 《深圳普通中小学建设标准指引》 | 45 |

班级本身就是工业化的产物，体现了对教育规模扩大的要求，因此早期的学者们希望班级尽可能地大，如夸美纽斯提出只要教学内容、进度、难度一致，一个教师可以同时教几百个学生。人们对夸美纽斯的观点坚信了三百多年，但自 20 世纪 50 年代以来，人们越来越倾向于主张学校小规模。一般多采用每班教师与学生之比（即师生比/班）来衡量一个国家的教育发展水平，师生比越高，代表教育水平越高。

目前，主张班级小规模的学者已越来越多，这主要基于当代教育模式呼唤个性开放型教育的缘由。事实上，有效控制班级人数，可增进教师与学生、学生与学生之间的互动，如学生参与讨论与回答问题的机会会大大增加，有利于教师控制课堂秩序，便于因材施教，进而提高学生的学习成绩。根据格拉斯-史密斯曲线（见图 3. 2），学生的学习成绩因班级规模的缩小而提高，当班级学生人数缩小至 15 人以下时，其成绩提高迅速。班级数量和班级人数直接影响着中小学校布局，而对班级人数应综合考虑规模效益和教学效果，突出主要影响要素。

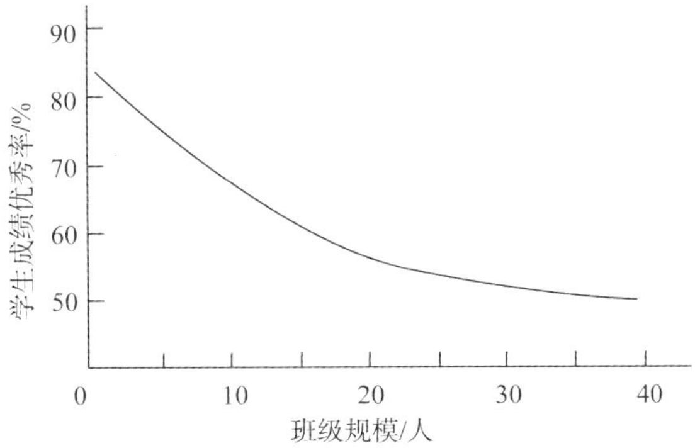


**图 3.2　格拉斯-史密斯曲线**

图片来源：和学新. 主体性教学论［M］. 兰州：甘肃教育出版社，2001

一般情况下，小学每班 46 ~ 55 人为“大班定额”，每班 56 ~ 65 人为“超大班定额”，每班人数 66 以上的班级为“特大班定额”班级。在调研中，BL 区小学存在“大班定额”现象，如图 3.3 所示。BL 区只有 10 所学校班额在 45 人，其余学校都存在大班额现象，部分学校平均班额超过 60 人达到超大班额，说明 BL 区小学学生过于饱和。

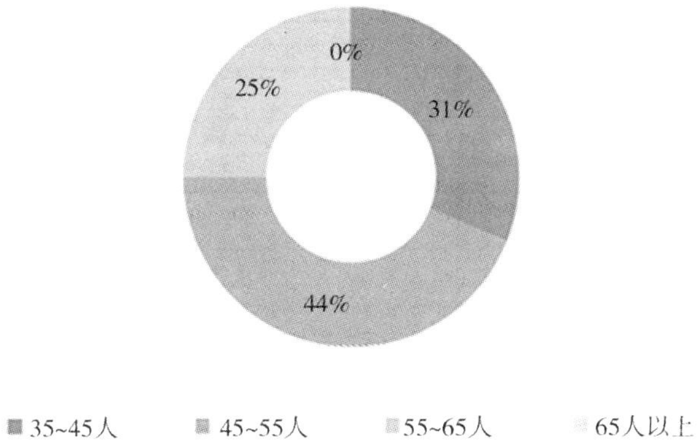


**图 3.3　BL 区小学平均班额占比统计**

对于班级规模，十九大中对义务教育阶段要求，到 2020 年，大班额必须完全消除，并且鼓励有条件的地方开展小班化教学。因此，建议中小学校班级人数宜采取分期控制，即普通小学近期 45 人，远期 40 人；初级中学近期 50 人，远期 45 人，以便于在教育资源利用效率和教育质量之间找到一个平衡点，同时有利于计划的调整和使用人力资源、物力资源，降低单位办学成本。

据此，建议 BL 区小学适宜的班级规模为近期每班不超过 45 人、远期每班 35 ~ 40 人。

### 3.2.3　生均面积

学校的适宜规模除了由班级数量以及人数来反映以外，还可以由学校用地面积和校舍建筑面积等从整体上反映，并能够通过生均资源的占有量对其进行有效考察。中小学校生均面积包括生均用地面积和生均建筑面积，因此，《城市普通中小学校校舍建设标准》《中小学校设计规范》（GB 50099—2011）、《城市居住区规划设计标准》（GB 50180—2018）、《汶川地震灾后重建学校规划建筑设计导则》都有较为明确的规定（见表 3.12）。但不容忽视的是，由于把校园当作一块可以加大压缩的“软性”用地，我国对中小学校生均面积的标准，均远远低于国外同类同等规模学校的标准，且西北地区省份对生均面积的地域性体现较少（见表 3.13）。

**表 3.12　国家现行规范标准对中小学校生均面积的规定**

| 学校类型 | | | 班级数量/个 | 规范标准：《城市普通中小学校校舍建设标准》生均用地面积/m² | 《城市普通中小学校校舍建设标准》生均建筑面积/m² | 《汶川地震灾后重建学校规划建筑设计导则》生均用地面积/m² | 《汶川地震灾后重建学校规划建筑设计导则》生均建筑面积/m² | 《城市居住区规划设计标准》（GB 50180—2018）生均用地面积/m² |
|---|---|---|---|---|---|---|---|---|
| 普通小学 | 完全小学 | 城市 | 12 | — | 6.60 | 32.58 | 6.80 | ≥11.10 |
| | | | 18 | — | 5.80 | 27.27 | 5.90 | ≥8.64 |
| | | | 24 | — | 5.40 | 24.80 | 5.50 | ≥7.40 |
| | | | 30 | — | 5.20 | 24.29 | 5.20 | — |
| | 全寄宿制完全小学 | | 12 | — | — | 39.00 | — | — |
| | | | 18 | — | — | 34.00 | — | — |
| | | | 24 | — | — | 32.00 | — | — |
| | 九年制学校 | | 18 | — | 6.50 | 27.97 | 6.50 | — |
| | | | 27 | — | 5.80 | 25.52 | 5.80 | — |
| | | | 36 | — | 5.60 | 25.16 | 5.60 | — |
| | | | 45 | — | 5.50 | 28.03 | 5.50 | — |
| 初级中学 | 初级中学 | | 12 | — | 7.90 | 34.47 | 7.90 | — |
| | | | 18 | — | 7.10 | 29.31 | 7.10 | ≥12.20 |
| | | | 24 | — | 6.70 | 28.57 | 6.70 | ≥10.00 |
| | | | 30 | — | 6.40 | 26.31 | 6.40 | ≥9.33 |
| | 寄宿制初级中学 | | 12 | — | — | 39.00 | — | — |
| | | | 18 | — | — | 39.00 | — | — |
| | | | 24 | — | — | 34.00 | — | — |
| 完全中学 | | | — | — | — | — | | - |
| 高级中学 | | | 18 | — | — | — | 7.40 | — |
| | | | 24 | — | — | — | 6.90 | — |
| | | | 30 | — | — | — | 6.60 | — |
| | | | 36 | — | — | — | 6.40 | — |

**表3.13 西北地区部分省份对中小学校生均面积的规定**

| 学校类型 | | | 班级数量/个 | 规范标准 | | | | | | |
|---|---|---|---|---|---|---|---|---|---|---|
| | | | | 《甘肃省义务教育阶段学校办学标准》 | | 《青海省标准化中小学校标准》 | | 《山西省义务教育阶段学校办学标准》 | 《陕西省义务教育阶段学校基本办学标准（试行）》 | |
| | | | | 生均用地面积/m² | 生均建筑面积/m² | 生均用地面积/m² | 生均建筑面积/m² | 生均用地面积/m² | 生均用地面积/m² | 生均建筑面积/m² |
| 普通小学 | 完全小学 | 城市 | 12 | 主城旧区≥11.40，主城新区≥15.00 | — | 26.01 | 7.96 | — | 32.58 | 6.80 |
| | | | 18 | | | 23.48 | 6.96 | — | 27.27 | 5.90 |
| | | | 24 | | | 23.03 | 6.96 | — | 24.80 | 5.50 |
| | | | 30 | | | 21.46 | 6.96 | — | 24.29 | 5.20 |
| | | | 36 | | | 19.97 | 6.65 | — | — | — |
| | 全寄宿制完全小学 | | 12 | ≥32.00 | ≥12.25 | — | — | 39.00 | — | — |
| | | | 18 | | | — | — | 34.00 | — | — |
| | | | 24 | | | — | — | 32.00 | — | — |
| | 九年制学校 | | 18 | — | — | — | — | — | — | — |
| | | | 27 | — | — | — | — | — | — | — |
| | | | 36 | — | — | — | — | — | — | — |
| | | | 45 | — | — | — | — | — | — | — |
| 初级中学 | 初级中学 | | 12 | 主城旧区≥11.40，主城新区≥20.00 | — | | 8.67 | 30.00 | 34.47 | 7.90 |
| | | | 18 | | | ≥24.32 | 8.80 | 29.00 | 29.31 | 7.10 |
| | | | 24 | | | ≥24.38 | 9.47 | 25.00 | 28.57 | 6.70 |
| | | | 30 | | | ≥23.53 | 9.02 | — | 26.31 | 6.40 |
| | | | 36 | | | ≥22.02 | 8.67 | — | — | — |
| | 寄宿制初级中学 | | 12 | ≥34.00 | ≥15.31 | — | — | 39.00 | — | — |
| | | | 18 | | | — | — | 39.00 | — | — |
| | | | 24 | | | — | — | 34.00 | — | — |

《陕西省普通中小学校、幼儿园办学（园）标准》规定，12个班、18个班、24个班、30个班的小学生均面积分别是6.8 m²、5.9 m²、5.5 m²、5.2 m²；最小值为5.2 m²（见表3.14）。由图3.4～3.6可以看出，BL区小学的生均校舍建筑面积小于5.2 m²的有20所学校，占学校总数的56%。通过实地调研得出，学校实际生均面积与学校班级数量、班级人数呈正相反关系。特别是班级数量多、班级人数多的学校，其生均面积大多低于国家及地方的规范标准；而班级数量少、班级人数少的学校，其生均面积多高于国家及地方的规范标准，用地和校舍空置浪费现象严重。

同时，比照北京、南京、上海等地，对老城区与新区进行指标细化（见表 3.14 ~ 3.17）。如《南京市普通小学办学条件标准》，每千人口中按 70 名小学生计算配建相应规模小学，其用地面积为：旧城区，规模为 12 个班的学校不低于 6 000 $m^2$、规模为 18 个班的学校不低于 7 000 $m^2$、规模为 24 个班的学校不低于 8 000 $m^2$、规模为 30 个班的学校不低于 9 000 $m^2$；新区，规模为 18 个班的学校不低于 12 000 $m^2$、规模为 24 个班的学校不低于 13 600 $m^2$、规模为 30 个班的学校不低于 15 000 $m^2$。《上海市普通中小学校建设标准》规定，上海市 2.5 万人口住宅小区配建 30 班规模小学一所规模为 30 个班的小学，中心城外（外环线以外）新建住宅区千人学生数的建筑面积与用地面积为：建筑面积 461 $m^2$，用地面积 1 102 $m^2$；中心城（外环线以内）新建住宅区千人学生数的建筑面积与用地面积为：建筑面积 461 $m^2$，用地面积 929 $m^2$。

**表 3.14　部分地区规定的中小学生均面积指标比对**

| 规范名称 | 生均面积指标 | 班级数量/个 | | | |
|---|---|---|---|---|---|
| | | 12 | 18 | 24 | 30 |
| 《陕西省义务教育阶段学校办学标准》 | 用地面积/$m^2$ | 32.58 | 27.27 | 24.80 | 24.29 |
| | 建筑面积/$m^2$ | 6.80 | 5.90 | 5.50 | 5.20 |
| 《西安市城乡规划技术管理规范》 | 用地面积/$m^2$ | — | ≤20.00 | ≤17.00 | ≤15.00 |
| | 建筑面积/$m^2$ | 6.60 ~ 10.00 | 5.80 ~ 8.30 | 5.40 ~ 7.90 | 5.20 ~ 7.20 |
| 《南京市普通中小学办学条件标准》 | 用地面积/$m^2$ | — | 8.64 ~ 18.18 | 7.41 ~ 17.24 | 6.67 ~ 16.41 |
| | 建筑面积/$m^2$ | 10.29 | 8.51 | 7.91 | 7.30 |

**表 3.15　深圳市规定的中小学生均面积指标**

| 规范名称 | 生均面积指标 | 班级数量/个 | | | |
|---|---|---|---|---|---|
| | | 18 | 24 | 30 | 36 |
| 《深圳普通中小学建设标准指引》 | 建筑面积/$m^2$ | 12.59 | 12.32 | 11.78 | 11.50 |

**表 3.16　北京市规定的中小学生均面积指标**

| 规范名称 | 生均面积指标 | | 班级数量/个 | | |
|---|---|---|---|---|---|
| | | | 12 | 18 | 24 |
| 《北京市中小学校办学条件标准》 | 用地面积/$m^2$ | 中心城外 | ≥32.00 | ≥26.25 | ≥23.64 |
| | | 中心城 | — | ≥20.14 | ≥18.00 |
| | 建筑面积/$m^2$ | | 10.08 ~ 11.03 | | |

表 3.17　上海市规定的中小学生均面积指标

| 规范名称 | 生均面积指标 | | 班级数量/个 | | |
|---|---|---|---|---|---|
| | | | 20 | 25 | 30 |
| 《上海市普通中小学校建设标准》 | 用地面积/$m^2$ | 中心城外 | 25.39 | 24.62 | 22.95 |
| | | 中心城 | 22.10 | 20.47 | 19.35 |
| | 建筑面积/$m^2$ | | 10.23 | 10.04 | 9.60 |

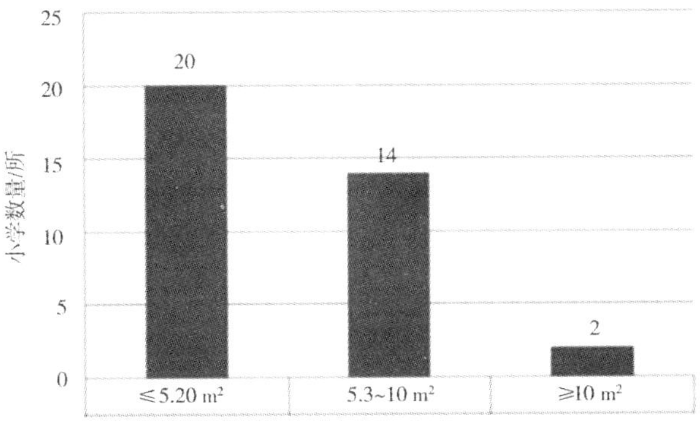

图 3.4　BL 区小学生均面积规模统计

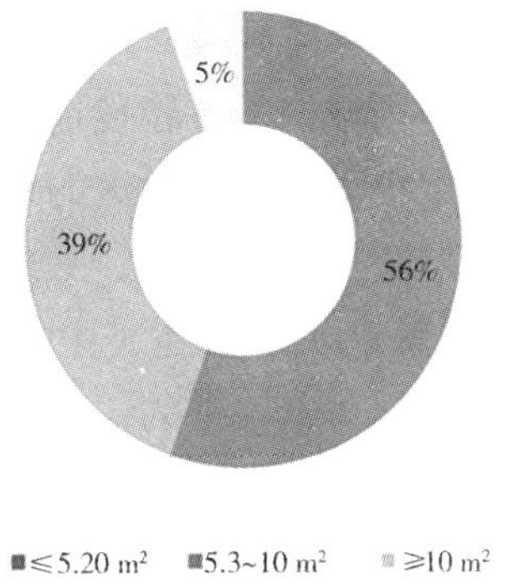

图 3.5　BL 区小学生均面积占比

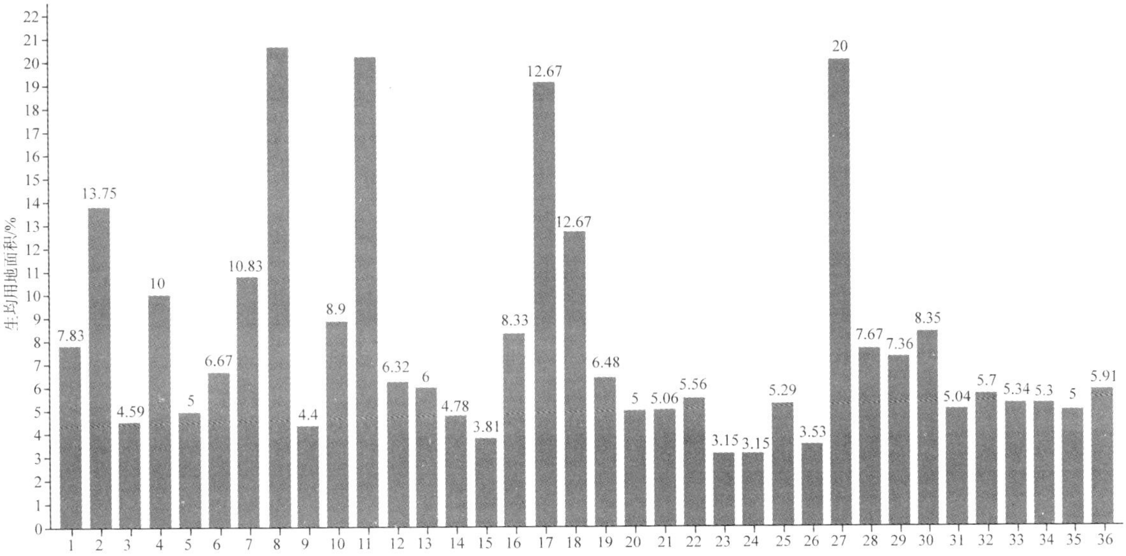

图 3.6　BL 区小学生均用地面积对比

将 BL 区现有生均指标与国家标准和其他城市的地方标准比较，建议 BL 区 2025 年生均面积指标为：生均用地面积 12.00 ~ 18.00 $m^2$、生均建筑面积为 8.00 ~ 11.00 $m^2$；考虑到人口政策的影响，2035 年由于学生规模的减小，生均用地面积和生均建筑面积将会增大，所以此时小学生生均用地面积、建筑面积分别为 14.00 ~ 22.00 $m^2$、10.00 ~ 12.00 $m^2$（见表 3.18）。未来的教学环境可以对“空置”教室、用地进行再利用，增加学生的文化体验、科学实验、室外活动等方面的教室比例，提升教育品质。

表 3.18 BL 区小学生均指标规划

| 规划年限/年 | 生均用地面积/$m^2$ | 生均建筑面积/$m^2$ |
|---|---|---|
| 2025 | 10.00～14.00 | 8.00～11.00 |
| 2035 | 12.00～18.00 | 10.00～12.00 |

## 3.3 学区范围服务要素

学区划分是在教育部门相关意见或通知等文件的指导下，按照公平、公开、就近入学原则，根据区域内学校建设情况、学校招生规模、住宅建设情况、适龄儿童和少年居住等情况合理确定小学、初中学区的划分方案。划分学区的实质是为了实现教育公平，不断推进教育资源的均衡化和优质化。一方面，学区的划分可以相对有效地控制“择校热”现象；另一方面，“就近入学”是《中华人民共和国义务教育法》规定的入学原则。在优质教育资源一时难以完全普遍享有的情形下，就近划片入学无疑是现阶段的最佳选择。学区服务范围多指学校服务半径和服务人口两个方面，一般情况下，中小学校服务的人口规模较大，则服务范围相对较小，学校分布相对密集；中小学校服务的人口规模较小，则服务范围相对较大，学校分布相对稀疏。

### 3.3.1 服务半径

服务半径是以一个学校作为原点，到其所提供服务的学生居住地之间的距离。《城市普通中小学校校舍建设标准》、《中小学校设计规范》（GB 50099—2011）、《汶川地震灾后重建学校规划建筑设计导则》和《城市居住区规划设计标准》（GB 50180—2018）等国家规范标准，均有较为明确规定（见表 3.19）。这些标准虽在一定程度上保证了学生的就近入学，但也造成了中小学校布点过多、规模过小、设施配置不足等问题。与此同时，对比日本、美国、英国、瑞士以及荷兰五个国家的中小学校服务半径，其规定值均略大于我国（见表 3.20）。另外，我国西北地区部分省份对中小学校服务半径均提出就近入学的原则，仅青海省提出普通小学走读半径为 2 km。

表 3.19 国家现行规范标准对中小学校服务半径的规定　　m

| 学校类型 | 规范标准 | | | | |
|---|---|---|---|---|---|
| | 《城市普通中小学校校舍建设标准》 | 《农村普通中小学校建设标准》 | 《中小学校设计规范》（GB 50099—2011） | 《汶川地震灾后重建学校规划建筑设计导则》 | 《城市居住区规划设计标准》（GB 50180—2018） |
| 普通小学 | ≤500 | 就近 | ≤500 | ≤500 | ≤500 |
| 初级中学 | ≤1 000 | 就近 | ≤1 000 | ≤1 000 | ≤1 000 |

表 3.20 各国中小学校服务半径参照 m

<table>
<tr><th colspan="2" rowspan="3">学校类型</th><th colspan="3">日本</th><th colspan="2">美国</th><th>英国</th><th>瑞士</th><th>荷兰</th></tr>
<tr><th colspan="2">适宜值</th><th rowspan="2">最大值</th><th rowspan="2">推荐值</th><th rowspan="2">最大值</th><th rowspan="2">推荐值</th><th rowspan="2">推荐值</th><th rowspan="2">推荐值</th></tr>
<tr><th>市区</th><th>村镇</th></tr>
<tr><td rowspan="2">小学</td><td>低年级</td><td>400</td><td>750</td><td>1 000</td><td rowspan="2">800</td><td rowspan="2">1 200</td><td>400</td><td rowspan="2">540～800</td><td rowspan="2">540</td></tr>
<tr><td>高年级</td><td>500</td><td>1 000</td><td>2 000</td><td>800</td></tr>
<tr><td colspan="2">初级中学</td><td>1 000</td><td>2 000</td><td>3 000</td><td>1 600</td><td>2 400</td><td>1 600</td><td>800～1 000</td><td>800</td></tr>
</table>

在 ArcGIS 中，以分辨率较高的高德地图为底图，按照主干路、次干路、支路、小区路等的道路等级对于 BL 区的道路现有进行绘制，结合现有连通性的判定，得到基本的路网情况，并进一步通过 ArcGIS 中“新建网络数据集”的命令，生成有效的交通网络数据库（见图 3.7）。利用这个交通道路网络数据库以及 BL 区小学学校的位置，可以分析得出学校的实际服务范围。

图 3.7 BL 区道路网络示意

在设置服务区分析的属性时，选择阻抗距离为 500～800 m，即生成小学的 500 m 和 800 m 的服务半径。通过短暂的运算后，得到的计算结果如图 3.8 所示。系统为每所小学都计算了两个服务区，其中深色的为 500 m 服务范围，浅色的为 800 m 服务范围，黄色是居住用地分布范围。可以看出，基于真实路网得到的服务区范围是不规则多边形，而不是圆形，直观地显示了小学的服务覆盖情况，其中，城墙以内区域的服务半径基本为 500 m，但南部体育场周边距离大多超过 800 m，整体呈现北部服务水平高，南部服务水平低的状态，因此可以看出，BL 区的小学学区服务存在不均衡现象。

图 3.8　基于现有路网的 BL 区小学服务半径范围

如果按照传统的以服务半径画圆的方法来估算小学服务半径，可以看出该方法的服务范围更大，且 BL 区现有小学设置满足该服务半径要求，但其结果的准确性较低，与实际情况差异较大，如图 3.9 所示。

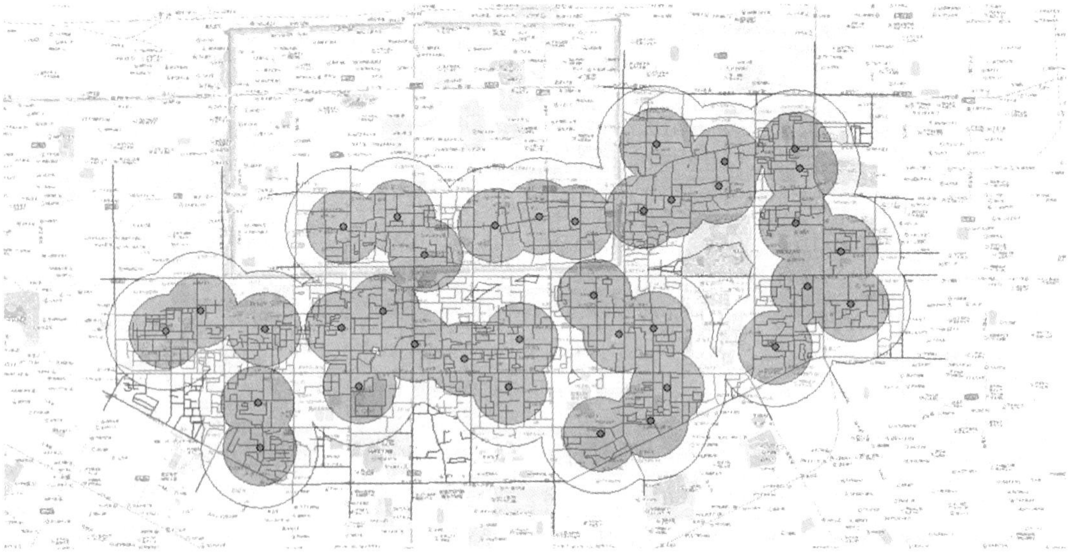

图 3.9　以缓冲区分析的 BL 区小学服务半径范围

## 3.3.2　便利程度

通过设定距离对居民点在不同距离范围内接受中小学服务的机会进行比较，即居民点在不同距离范围可供选择的学校数目，来反映居民就读学校的便利性。可供选择的学校数目越多表明居民就读中小学便利程度越高，可供选择的学校数目越少表明居民就读中小学便利程度越低。因此，本书采用居民点 1 km 服务半径可供内可供选择的小学数来测算 BL 区各居民点接受小学服务的机会，如图 3.10 所示。

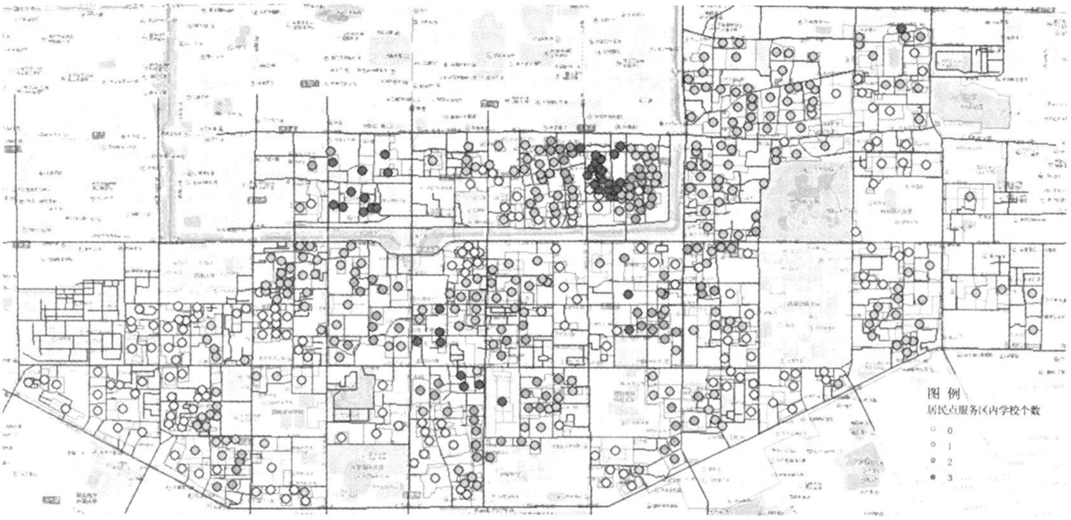


**图 3.10　BL 区居民点内小学分布**

从图 3.10 可以看出，BL 区居民点的就学便捷度较高，每个点基本都能覆盖 1 所学校，只有局部地区存在学校不足或学校个数超量的情况。图中红色圆点表示居民点 1 km 服务半径内有 3 所学校覆盖，这些点主要集中在城墙范围内的老城区，包括 JGL 小学、DYS、DTM 小学附近，这 3 所学校距离太近，因此居民点学校服务半径相互重叠覆盖，存在一定的教育资源浪费。其次，ZL 小学、WWSZ 小学附近，重复度太高，而 1 km 服务半径内没有学校的居民点主要分布于 BL 区南部。由于周边学校布点较少，服务水平较低，且 YTL 小学、YY 路小学和 WYL 小学相对距离较近，所以周边居民点的覆盖也有部分重叠。

从图 3.11 和图 3.12 可以看出，有 22% 的居民点 1 km 服务半径内没有学校分布，在其附近居民不能就近选择学校，导致就学距离的增加；约有 80% 的居民点 1 km 服务半径内都至少有一所小学可供选择，其附近居民就学便利；有 39% 的居民点 1 km 服务半径内有两所以上小学，证明周边学校设施完善，居民就学便捷程度较高。

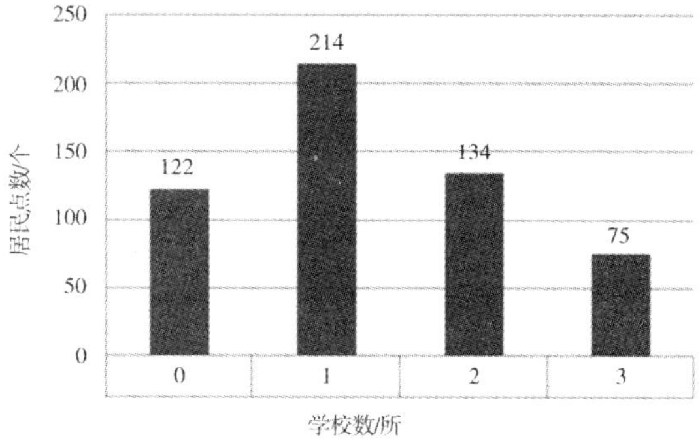


**图 3.11　居民点覆盖学校统计（1 km 服务半径内）**

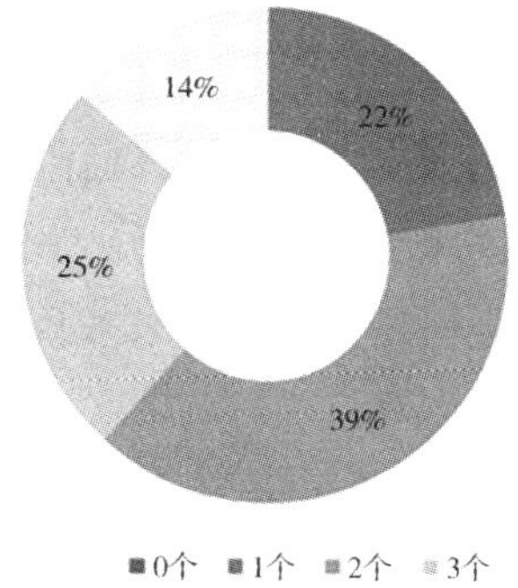


**图 3.12　居民点服务区覆盖学校个数占比**

在ArcGIS中导入BL区路网信息，通过ArcGIS软件Arc Toolbox中的网络分析（Network Analyst）新建路径分析图层，将居民点位加载为服务设施图层，完成便利程度分析的设置。在分析中设置距离为阻抗，在BL区路网分析中事件点指的是居民点，设施点指的是小学点位信息，由此得到居民点就近入学距离分布图，以判断BL区就学便利程度，如图3.13所示。

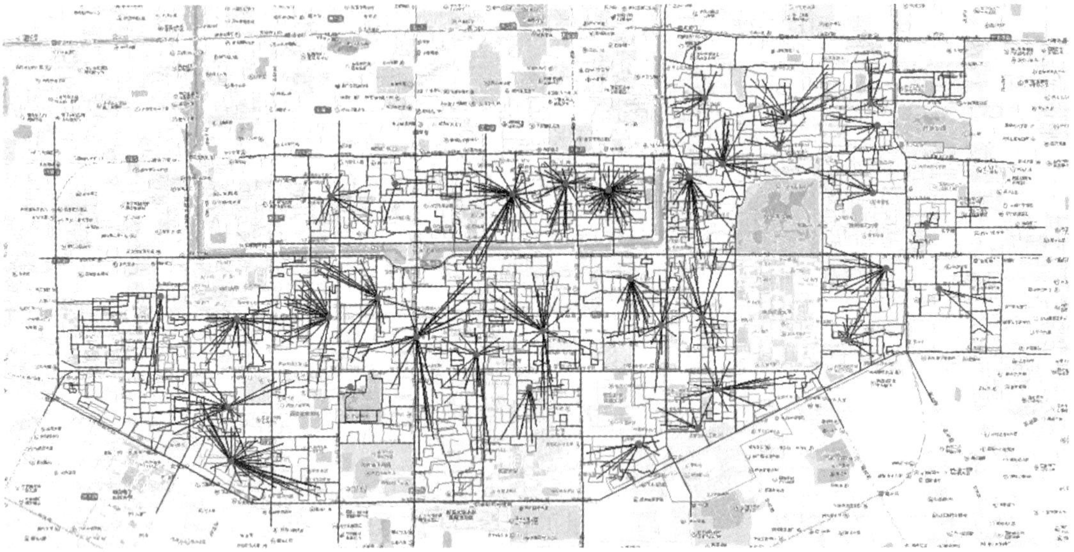

图3.13　居民点就近入学距离分布

通过调研得出，最远交通距离分布的居民点，其附近70%的小学生都要花费20分钟时间上学，并且大部分采用父母私家车或者电动车；最短交通距离多分布在老城区内JGL小学、DYS小学、DTM小学附近居民点，基本都在500 m以内，这附近的小学生上学主要以步行为主，中午可以回家休息，上学安全性高。总体而言，就读小学最为便利的居民点都集中分布于BL区的北部，BL区的南部均有距离小学较近和较远的居民点，并且均为BL区中新建或者旧城改造的地区。由于建筑形式改变，用地性质的更替，新建居民点多，就学需求较大。

## 3.3.3　千人学生数

中小学供需以确定区域内的学龄人口规模为前提，目前我国中小学多采用千人学生数，即每千人居民中拥有的中小学学生数来估算学龄人口规模，以此判断城市中小学生源总量的大小。根据相关文献对未来我国城镇在校学生数量和总人口的预测得出，城镇小学在校学生数量应占当地总人口的70‰左右。千人学生数的选取往往受地区人口、社会、经济等方面的影响，其确定存在大量的不可预测因素。

（1）现有统计数据

根据BL区2011—2016年统计数据（见表3.21），每千人居民中拥有的小学生数量分别为63、63、65、66、68、69，因此，可得近几年BL区平均千人学生数为66。

**表 3.21 2011—2016 年 BL 区常住人口数、小学在校学生数及千人学生数**

| 年份 | 2011 | 2012 | 2013 | 2014 | 2015 | 2016 |
|---|---|---|---|---|---|---|
| 常住人口数/万人 | 61.87 | 62.08 | 62.23 | 62.40 | 62.89 | 63.87 |
| 小学在校学生数/人 | 38 958 | 39 027 | 40 391 | 41 443 | 42 754 | 43 978 |
| 千人学生数/人 | 63 | 63 | 65 | 66 | 68 | 69 |

(2) 人口出生率

从人口出生率来看，由于计划生育政策的影响，BL 区人口出生率 2011—2013 年不断下降，从 2011 年的 7.52‰下降到 2013 年的 6.68‰；2016 年又增长到 9.81‰。2011—2016 年人口出生率分别为 7.52‰、7.55‰、6.68‰、7.57‰、7.65‰、9.81‰，平均人口出生率为 7.80‰。由于小学是义务教育，其入学率按六个年级计，所以小学生人数总比例为 7.80‰×6=46.8‰，即每千人小学生不足 50 人（见表 3.22）。

**表 3.22 2011—2016 年 BL 区人口出生率**

| 年份 | 2011 | 2012 | 2013 | 2014 | 2015 | 2016 |
|---|---|---|---|---|---|---|
| 出生率/‰ | 7.52 | 7.55 | 6.68 | 7.57 | 7.65 | 9.81 |

(3) 外来务工人员子女数

从外来务工人员子女数占在校生总数的比率来看，由于 XA 市的快速发展，BL 区外来务工人员子女数不断增加，从 2010 年的 36.4‰增长到 2016 年的 41.6‰（见表 3.23）。

**表 3.23 2011—2016 年 BL 区义务教育阶段外来务工人员子女数占在校生总数比率**

| 年份 | 2010 | 2012 | 2014 | 2015 | 2016 |
|---|---|---|---|---|---|
| 占比率/‰ | 36.4 | 35 | 36.9 | 40.1 | 41.6 |

(4) 千人学生数的确定

将现有千人学生数和根据人口出生率推算的千人学生数进行比较，发现两者相差较大，且外来务工人员子女的上学需求越来越大。因此，以往以经验总结的千人学生数已不适合现有就学诉求。“千人学生数”的确定，应结合出生率与外来人口综合考虑，采取分期预测方法考虑各个阶段的学生数。根据人口政策变化，近期千人学生数会比现有指标有所增长，到 2025 年中小学学生数按 70 进行考虑；远期由于人口增长速度的平缓，千人学生数有所缓和，到 2035 年中小学阶段学生数按 66 进行考虑，如表 3.24 所示。

**表 3.24 BL 区各阶段中小学千人学生数**

| 指标年限/年 | 2025 | 2035 |
|---|---|---|
| 中小学千人学生数/人 | 70 | 66 |

# 3.4　供需区划诉求预判

## 3.4.1　学校供给

学区供需诉求主要指学校提供的最大供给量与学区内部适龄儿童入学需求量之间的关系。基于对 BL 区小学的调研，现有学区的划分只是针对公办小学而言，而民办小学不存在学区划分。通过实地调研，2017 年 BL 区现有公立小学学校的供给总量为 40 283 人，其中 36 所学校的学生规模如表 3.25 所示。结合图 3.14 可以看出，规模较大的学校主要为 DXNL 小学、TWX 小学、YTL 小学。

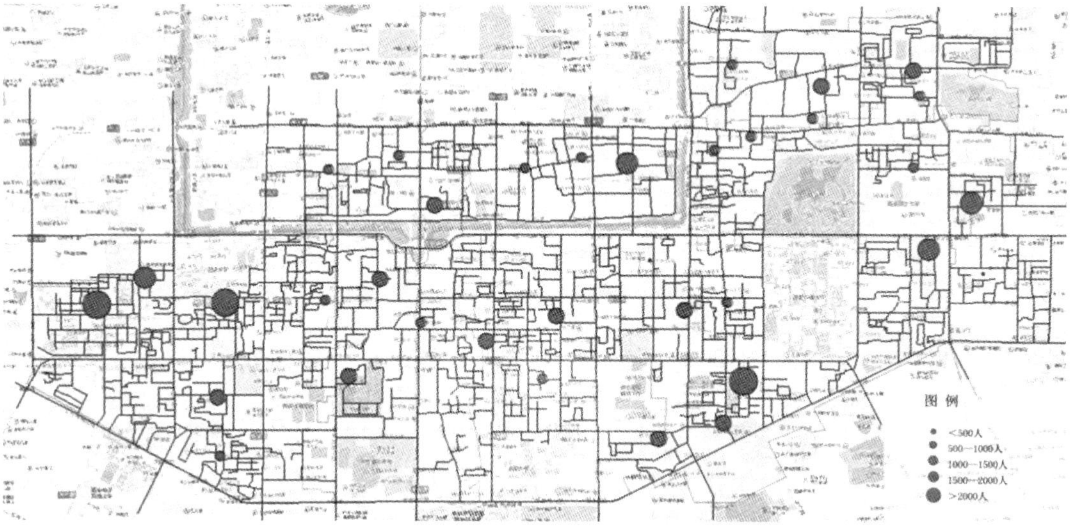


图 3.14　BL 区小学现有学生规模

表 3.25　BL 区 36 所公立小学供给统计（2017 年）

| 序号 | 学校 | 班数/个 | 平均每班人数/人 | 学生规模/人 |
|---|---|---|---|---|
| 1 | RHZ 小学 | 12 | 50 | 600 |
| 2 | XQ 小学 | 12 | 50 | 600 |
| 3 | JLC 小学 | 19 | 55 | 1 045 |
| 4 | YX 小学 | 18 | 50 | 900 |
| 5 | YN 小学 | 12 | 50 | 600 |
| 6 | DG 小学 | 12 | 50 | 600 |
| 7 | DGNJ 小学 | 12 | 50 | 600 |
| 8 | SP 小学 | 8 | 40 | 320 |
| 9 | TWDE 小学 | 25 | 50 | 1 250 |
| 10 | LJC 小学 | 18 | 45 | 810 |

续表

| 序号 | 学校 | 班数/个 | 平均每班人数/人 | 学生规模/人 |
|---|---|---|---|---|
| 11 | ADJ 小学 | 11 | 45 | 495 |
| 12 | YTL 小学 | 29 | 45 | 1 408 |
| 13 | WYL 小学 | 30 | 50 | 1 500 |
| 14 | NM 小学 | 18 | 50 | 900 |
| 15 | DXNL 小学 | 60 | 60 | 3 600 |
| 16 | HJC 小学 | 12 | 50 | 600 |
| 17 | XYT 小学 | 28 | 50 | 1 400 |
| 18 | ZQDJ 小学 | 12 | 50 | 600 |
| 19 | YY 小学 | 12 | 45 | 540 |
| 20 | ZXL 小学 | 20 | 55 | 1 100 |
| 21 | WWSZ 小学 | 18 | 45 | 810 |
| 22 | ZL 小学 | 12 | 45 | 540 |
| 23 | JGL 小学 | 33 | 50 | 1 650 |
| 24 | DYS 小学 | 12 | 45 | 540 |
| 25 | DTM 小学 | 17 | 40 | 680 |
| 26 | TWX 小学 | 49 | 55 | 2 695 |
| 27 | JHNL 小学 | 11 | 45 | 495 |
| 28 | DXNL 小学分校 | 24 | 50 | 1 200 |
| 29 | TYL 小学 | 22 | 50 | 1 100 |
| 30 | XASFFS 小学 | 22 | 55 | 1 210 |
| 31 | XALGDXFS 小学 | 31 | 55 | 1 705 |
| 32 | XADYDXFS 小学 | 21 | 50 | 1 050 |
| 33 | XAJTDXFS 小学 | 32 | 55 | 1 760 |
| 34 | XAJZKJDXFS 小学 | 24 | 55 | 1 320 |
| 35 | XBDYDXFS 小学 | 44 | 50 | 2 200 |
| 36 | XBDXFS 小学 | 31 | 60 | 1 860 |
| 全区合计 | | 783 | — | 40 283 |

## 3.4.2 需求预判

(1) 居住人口数

目前人口普查数据中的人口统计是以街道为最小单元，这并不能直观地反映学区与居住区的供需关系，因此，本书通过预判每个居住区的人口数量来提高分析结果的可靠性。由于土地利用类型存在多样性，而居住人口一般只分布于居住用地，所以为了提高人口计算的准确度，应当只考虑居住用地的面积。本书以 BL 区高分辨率遥感影像为底图，参考高德地图绘制区划内 545 个居住区分布图（见图 3.15），同时核算每个居住区人口，以求获取整个 BL 区相对准确的人口数据分布状况。

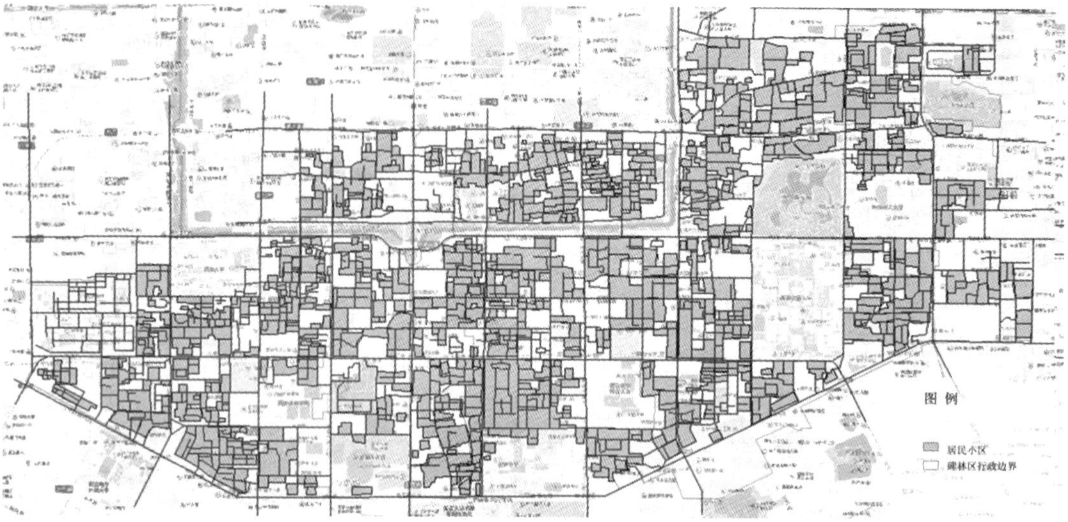


**图 3.15　BL 区现有居住区分布**

利用 XA 市房管局网站获取 BL 区现有居住区面积、居住区户数、居住区容积率等相关信息并进行矢量化处理。由于 BL 区属于老城区，建设量基本完整，其中多数以上的居住区信息较为齐全，可直接获取居民户数；其他部分建筑年代较为久远的居民小区可通过 ArcGIS 软件计算分析，得到其居住区面积，根据现有占地面积和居住户型大致估算户数，进而计算每个居住区的人口数，得到人口密度分布图，如图 3.16 所示。

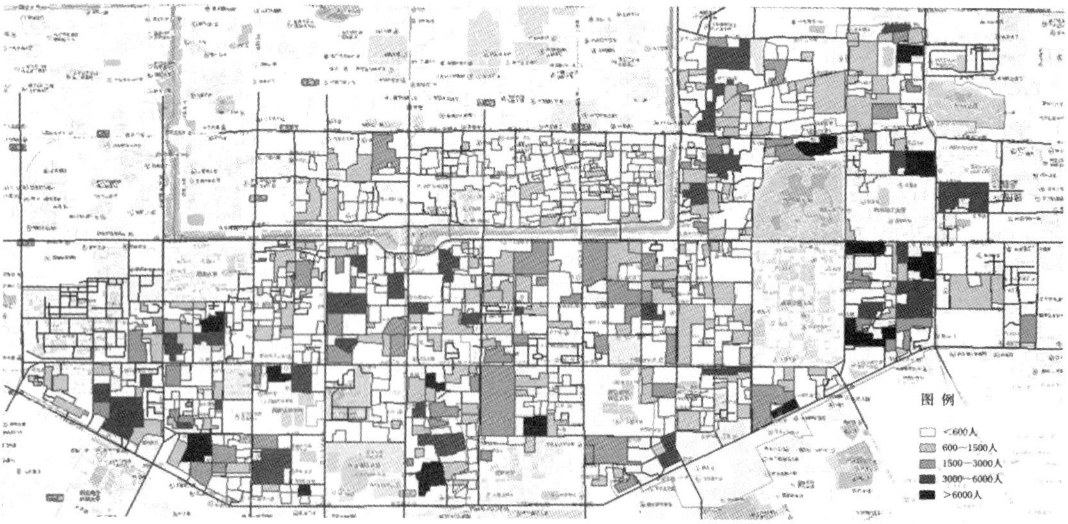


**图 3.16　BL 区现有人口密度分布**

（2）适龄学生规模

采用趋势外推的预测方法，通过对 BL 区 545 个居住区人口数的计算，结合 BL 区现有小学生千人学生数，并利用 ArcGIS 中的字段计算，估算出每个居住区的小学生数，进而得到现有适龄学生密度分布图，如图 3.17 所示。

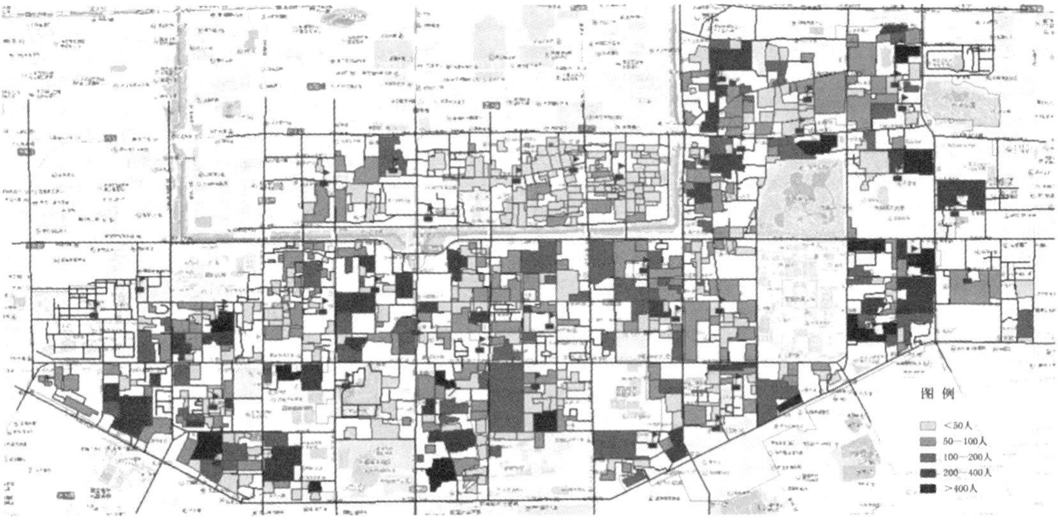


**图 3.17　BL 区现有适龄学生密度分布**

## 3.4.3　供需预判

从现有学校的学生容纳数与周围居住区覆盖适龄学生密度来看，如果学校的学生容纳数大于其覆盖范围内适龄学生数，则表示该学区的供给充足；如果现有学校的学生容纳数小于其覆盖范围内适龄学生数，则表示该学区的供给不足。这两种情况均会导致周边适龄学生无法就近入学。从表 3.26 可以看出，DXNL 小学、TWX 小学、TYL 小学、JGL 小学及大学附属的六所学校供给量都远大于其学区所覆盖的小学生需求数，资源优势明显；其次，NM 小学、ZXL 小学、SP 小学、YY 路小学和 ADJ 小学的学校供给量远远小于其学区覆盖的小学生需求量，这些学校建设年代较早，用地紧张，且部分小区人口规模都超过 1 万人，原来的居住空间格局被打破，老社区渐渐被新住宅替代，原来配套服务的小学资源，已经不能满足现有需求；而城墙内部分学校，如 WWSZ 小学、ZL 小学等，由于其周边用地性质的改变，居住小区规模减小，学生需求减少，造成一定程度的资源浪费。

从 BL 区 36 所学校的供需诉求来看，供给严重不足的学校存在 200 人左右的缺口；而另一些学校存在 100 人以上的超额现象，资源供给不足和需求不足的现象并存。且老城区存在大量薄弱学校，不能适应居住空间变化的新需求，老城区的小学配套也存在着诸多的不确定因素，用原有的指标体系来评价不断变化中的居住社区的小学教育资源的配套情况，不但不能得到正确的结论，而且无法对今后的教育配套设施建设提供指导。因此，在符合适龄学生就近入学原则下，进一步通过居住建筑类型、建设年代、建筑层数、建筑面积、建筑户型等要素对就学需求进行测算，以实现现有学校学位最优化的使用，这亦是保证合理利用基础义务教育资源的重要途径。

**表 3.26　BL 区现有小学供给与学区需求对比**

| 序号 | 学校 | 学校供给/人 | 学区需求/人 | 差值 | 类型 |
|---|---|---|---|---|---|
| 1 | RHZ 小学 | 600 | 1 127 | -527 | 供<需 |
| 2 | XQ 小学 | 600 | 1 831 | -123 1 | 供<需 |
| 3 | JLC 小学 | 1 045 | 364 | 681 | 供>需 |
| 4 | YX 小学 | 900 | 1 667 | -767 | 供<需 |
| 5 | YN 小学 | 600 | 1 114 | -514 | 供<需 |
| 6 | DG 小学 | 600 | 1 039 | -439 | 供<需 |
| 7 | DGNJ 小学 | 600 | 1 639 | -103 9 | 供<需 |
| 8 | SP 小学 | 320 | 221 1 | -189 1 | 供<需 |
| 9 | TWDE 小学 | 1 250 | 700 | 550 | 供>需 |
| 10 | LJC 小学 | 810 | 880 | -70 | 供<需 |
| 11 | ADJ 小学 | 495 | 2 700 | -220 5 | 供<需 |
| 12 | YTL 小学 | 1 408 | 1 205 | 203 | 供>需 |
| 13 | WYL 小学 | 1 500 | 1 498 | 2 | 供=需 |
| 14 | NM 小学 | 900 | 2 197 | -129 7 | 供<需 |
| 15 | DXNL 小学 | 3 600 | 3 124 | 476 | 供>需 |
| 16 | HJC 小学 | 600 | 3 364 | -276 4 | 供<需 |
| 17 | XYT 小学 | 1 400 | 2 862 | -146 2 | 供<需 |
| 18 | ZQDJ 小学 | 600 | 1 505 | -905 | 供<需 |
| 19 | YY 小学 | 540 | 1 257 | -717 | 供<需 |
| 20 | ZXL 小学 | 1 100 | 2 378 | -127 8 | 供<需 |
| 21 | WWSZ 小学 | 810 | 281 | 529 | 供>需 |
| 22 | ZL 小学 | 540 | 317 | 223 | 供>需 |
| 23 | JGL 小学 | 1 650 | 873 | 777 | 供>需 |
| 24 | DYS 小学 | 540 | 205 | 335 | 供>需 |
| 25 | DTM 小学 | 680 | 557 | 123 | 供>需 |
| 26 | TWX 小学 | 2 695 | 911 | 1 784 | 供>需 |
| 27 | JHNL 小学 | 495 | 360 | 135 | 供>需 |
| 28 | DXNL 小学分校 | 1 200 | 1 818 | -618 | 供<需 |
| 29 | TYL 小学 | 1 100 | 337 | 763 | 供>需 |
| 30 | XASFFS 小学 | 1 210 | 320 | 890 | 供>需 |

续表

| 序号 | 学校 | 学校供给/人 | 学区需求/人 | 差值 | 类型 |
|---|---|---|---|---|---|
| 31 | XALGDXFS 小学 | 1 705 | 530 | 1 175 | 供>需 |
| 32 | XADYDXFS 小学 | 1 050 | 707 | 343 | 供>需 |
| 33 | XAJTDXFS 小学 | 1 760 | 1 634 | 126 | 供>需 |
| 34 | XAJZKJDXFS 小学 | 1 320 | 927 | 393 | 供>需 |
| 35 | XBDYDXFS 小学 | 2 200 | 1 855 | 345 | 供>需 |
| 36 | XBDXFS 小学 | 1 860 | 927 | 933 | 供>需 |
| 全区合计 | | 40 283 | 47 219 | −693 6 | 供<需 |

## 3.5 本章小结

学校、学区供需主要是指学校提供的最大供给量与适龄儿童入学需求量之间的关系。本章通过解读《城市普通中小学校校舍建设标准》《中小学校设计规范》（GB 50099—2011）、《汶川地震灾后重建学校规划建筑设计导则》和《城市居住区规划设计标准》（GB 50180—2018）等国家现行中小学规划建设规范和西北地区部分省区、国内部分城市中小学校办学条件标准，以陕西关中地区大城市典型代表为样本，分别核定和优化了学校的规模要素，包括班级数量、班级人数、生均面积；学区服务的范围要素，包括服务半径、便利程度和千人学生数。同时，在 ArcGIS 中，以分辨率较高的高德地图为底图，从实际路网出发，研究 BL 区每所学校的供给能力、实际覆盖情况，并对比现有学区的实际需求情况，从而明确学校供给与学区诉求之间的差异。本章为后续进一步通过居住建筑类型、建设年代、建筑层数、建筑面积、建筑户型等要素对就学需求进行全纳测算，以实现现有学校学位最优化的使用提供一种合理的预判路径。

## 第 4 章

# 既有小学学区全纳就学测算

## 4.1 测算方法认知

### 4.1.1 相关性分析法

相关性分析是指对两个或多个具备相关性的变量元素进行分析，从而衡量两个变量因素的相关密切程度。相关性的元素之间需要存在一定的联系或者概率才可以进行相关性分析，主要通过求变量之间的积差相关系数来衡量变量之间的相关性。积差相关系数又称 Pearson 相关系数，其数值介于-1～1 之间，当两个变量间的相关性达到最大，散点成一条直线时取为-1～1，正负号表明相关的方向；如两个变量完全无关，则取值为 0。同时，对 Pearson 相关系数进行检验，若相关性 $P<0.05$，则表示自变量与因变量有相关性；若相关性 $P>0.05$，则表示自变量与因变量无相关性。

### 4.1.2 多元线性回归法

多元线性回归分析也称为复线性回归分析，它是一元线性回归分析或简单线性回归分析的延伸，研究的是一组自变量如何直接影响一个因变量。自变量指的是能独立自由变化的变量，一般用 $x$ 表示；因变量指的是非独立的、受其他变量影响的变量，一般用 $y$ 表示。

多元线性回归分析的手段，是借助于一个数学模型来揭示总体中若干个自变量与一个因变量之间的线性依存关系，并评估这一数学模型模拟相关事物变化规律的准确性。具体来说，多元线性回归可以从统计意义上确定在消除了其他自变量的影响后，每一个自变量的变化是否引起因变量的变化，并且估计出在其他自变量固定不变的情况下，每个自变量对因变量的数值影响的大小。

$y$ 与 $x_1$，$x_2$，…，$x_p$ 的线性回归模型为

$$y=\beta_1 x_1+\beta_2 x_2+\beta_3 x_3+\cdots+\beta_p x_p+\varepsilon$$

其中：$\beta_1$，$\beta_2$，…，$\beta_p$ 是 $p$ 个未知参数，称为回归系数；$y$ 称为被解释变量（因变量）；而 $x_1$，$x_2$，…，$x_p$ 是 $p$ 个可以精确测量并可控制的一般变量，称为解释变量（自变量）；$\varepsilon$ 是随机误差；当 $p\geqslant 2$ 时，上式为多元线性回归模型。

### 4.1.3　主成分回归法

主成分分析也称主分量分析，由霍特林（Hoteling）于 1933 年首先提出的。主成分分析是利用降维的思想，在损失很少信息的前提下，把多个指标利用正交旋转变换转化为几个综合指标的多元统计分析方法。通常把转化生成的综合指标称为主成分，其中每个主成分都是原始变量的线性组合，且各个主成分之间互不相关，使得主成分比原始变量具有某些更优越的性能；这样在研究复杂问题时就可以只考虑少数几个主成分且不至于损失太多信息，从而更容易抓住主要矛盾，揭示事物内部变量之间的规律性，同时使问题得到简化，提高分析效率。

主成分回归是对普通最小二乘估计的一种改进。在多元线性回归分析中，因变量 $y$ 和自变量 $x_1$，$x_2$，…，$x_{p-1}$ 之间存在线性关系或近似线性关系（即复共线性）时，会严重影响到参数估计，采用最小二乘法进行参数估计使得回归系数的方差很大，甚至出现符号错误的现象，增大模型的误差，并破坏模型的稳健性。主成分回归分析是一种为了克服复共线性而采用的回归分析方法，以线性回归模型为研究对象，在参数估计中采用主成分估计，以一定的偏差为代价的有偏估计。各个主成分分析是原始指标的线性组合，主成分分析之后，将提取出主成分与因变量进行线性回归，得出最终回归模型

$$F_1=u_{11}x_1+u_{21}x_2+\cdots+u_{n1}x_n$$
$$F_2=u_{12}x_2+u_{22}x_2+\cdots+u_{n2}x_n$$
$$\vdots$$
$$F_m=u_{1m}x_1+u_{2m}x_2+\cdots+u_{nm}x_n$$

## 4.2　就学需求预测模型构建

### 4.2.1　抽样数据整合

对 TWX 小学学区与 JHNL 小学学区的调研数据进行汇总（见表 4.1），并根据调研的小学生人数计算得出适龄小学生人数的户均比例。

**表 4.1　调研样本基本情况**

| 学区 | 居住建筑类型 | 建设年代 | 建筑层数 | 建筑面积/$m^2$ | 户型结构 | 每百户适龄学生数/人 |
|---|---|---|---|---|---|---|
| TWX小学学区 | 福利房 | 1980s | 3 | 144 | 四室两厅 | 0 |
| | 福利房 | 1990s | 6 | 155 | 四室两厅 | 0 |
| | 福利房 | 1980s | 6 | 78 | 两室两厅 | 4.9 |
| | 福利房 | 1980s | 6 | 55 | 两室一厅 | 4.9 |
| | 福利房 | 2000s | 4 | 40 | 一室一厅 | 0 |
| | 福利房 | 1990s | 6 | 95.5 | 三室两厅 | 3.5 |
| | 福利房 | 2010s | 33 | 66 | 一室一厅 | 3.1 |
| | 福利房 | 2010s | 33 | 87 | 两室一厅 | 14.1 |
| | 福利房 | 2010s | 33 | 112 | 两室两厅 | 14.1 |
| | 福利房 | 2010s | 28 | 86 | 两室一厅 | 13.4 |
| | 福利房 | 2010s | 28 | 96 | 两室两厅 | 14.3 |
| | 福利房 | 2010s | 28 | 126 | 三室两厅 | 9.8 |
| JHNL小学学区 | 福利房 | 1980s | 4 | 42 | 一室一厅 | 0 |
| | 福利房 | 2000s | 6 | 87 | 两室两厅 | 4.2 |
| | 福利房 | 1980s | 6 | 55/58 | 两室一厅 | 3.5 |
| | 福利房 | 2010s | 28 | 84 | 两室两厅 | 10.1 |
| | 福利房 | 2010s | 28 | 136 | 三室两厅 | 7.7 |
| | 商品房 | 2000s | 7 | 89 | 两室两厅 | 2.9 |
| | 商品房 | 2000s | 7 | 118 | 三室两厅 | 5.7 |
| | 商品房 | 2000s | 18 | 134 | 三室两厅 | 5.6 |
| | 商品房 | 2000s | 18 | 101 | 两室两厅 | 2.8 |
| | 商品房 | 2000s | 11 | 56 | 一室一厅 | 1.5 |
| | 商品房 | 2000s | 11 | 86 | 两室一厅 | 3.0 |
| | 商品房 | 2000s | 11 | 138 | 三室两厅 | 0 |
| | 公寓 | 2000s | 4 | 53 | 一室一厅 | 0 |
| | 公寓 | 2000s | 23 | 59 | 一室一厅 | 0 |

在对调研数据进行分析之前，对各个变量尤其是自变量进行赋值，如表 4.2 所示。

自变量 $x$：以居住建筑的区域位置、建筑类型、建设年代、建筑层数、建筑面积、户型结构为自变量，并对区域位置、建筑类型、建设年代、户型结构进行赋值量化。建筑层数和建筑面积为连续性变量，直接用于数据分析。

因变量 $y$：每百户适龄学生就学需求系数。

表 4.2　自变量赋值

| 统计特征 | 选项区间 | 赋值 |
|---|---|---|
| 建筑类型 | 福利房 | 1 |
| | 商品房 | 2 |
| | 公寓 | 3 |
| 建设年代 | 1980s | 1 |
| | 1990s | 2 |
| | 2000s | 3 |
| | 2010s | 4 |
| 户型结构 | 两室一厅 | 1 |
| | 两室两厅 | 2 |
| | 三室两厅 | 3 |
| | 四室两厅 | 4 |
| | 一室一厅 | 5 |
| 区域位置 | TWX 小学学区 | 1 |
| | JHNL 小学学区 | 0 |

## 4.2.2　相关性测度

运用 SAS 软件将因变量 $y$（适龄学生就学需求系数）与 6 个自变量 $x_1$、$x_2$、$x_3$、$x_4$、$x_5$、$x_6$ 分别做相关性检验，验证因变量 $y$（适龄学生就学需求系数）与 6 个自变量 $x_1$、$x_2$、$x_3$、$x_4$、$x_5$、$x_6$ 是否相关。自变量与因变量如表 4.3 所示。

表 4.3　自变量与因变量

| 因变量 | 自变量 | | | | | |
|---|---|---|---|---|---|---|
| $y$ | $x_1$ | $x_2$ | $x_3$ | $x_4$ | $x_5$ | $x_6$ |
| 每百户适龄学生就学需求系数 | 区域位置 | 建筑类型 | 建设年代 | 户型结构 | 建筑层数 | 建筑面积 |

（1）居住建筑的区域位置

通过 SAS（Statistical Analysis System）软件对自变量 $x_1$（居住建筑的区域位置）与因变量 $y$（每百户适龄学生就学需求系数）进行相关性分析。通过表 4.4 可得，居住建筑的区域位置对每百户适龄学生就学需求系数的相关性显著。因此，区域内的学校教育资源优质，会吸引大量学生就学，必然会带来较大就学需求。

**表 4.4　相关性分析——居住建筑的区域位置**

| Pearson 相关系数，$N=26$ | | |
|---|---|---|
| 变量 | $y$ | $x_1$ |
| $y$ | 1.000 00 | 0.364 94<br>0.046 80 |
| $x_1$ | 0.364 94<br>0.046 80 | 1.000 00 |

（2）居住建筑的建筑类型

通过 SAS 软件对自变量 $x_2$（居住建筑的建筑类型）与因变量 $y$（每百户适龄学生就学需求系数）进行相关性分析。通过表4.5 可以得出，居住建筑的建筑类型对每百户适龄学生就学需求系数的相关性显著。

**表 4.5　相关性分析——居住建筑的建筑类型**

| Pearson 相关系数，$N=26$ | | |
|---|---|---|
| 变量 | y | $x_2$ |
| y | 1.000 00 | −0.424 2<br>0.030 80 |
| $x_2$ | −0.424 23<br>0.030 80 | 1.000 00 |

（3）居住建筑的建设年代

通过 SAS 软件对自变量 $x_3$（居住建筑的建设年代）与因变量 $y$（每百户适龄学生就学需求系数）进行相关性分析。通过表4.6 可以得出，居住建筑的建设年代对每百户适龄学生就学需求系数的相关性显著。

**表 4.6　相关性分析——居住建筑的建设年代**

| Pearson 相关系数，$N=26$ | | |
|---|---|---|
| 变量 | $y$ | $x_3$ |
| $y$ | 1.000 00 | 0.591 98<br>0.001 40 |
| $x_3$ | 0.591 98<br>0.001 40 | 1.000 00 |

（4）居住建筑的户型结构

通过 SAS 数据软件对自变量 $x_4$（居住建筑的户型结构）与因变量 $y$（每百户适龄学生就学需求系数）进行相关性分析。通过表4.7 可以得出，居住建筑的户型结构对每百户适龄学生就学需求系数的相关性显著。

表 4.7 相关性分析——居住建筑的户型结构

| Pearson 相关系数，$N=26$ | | |
|---|---|---|
| 变量 | y | $x_4$ |
| y | 1.000 00 | −0.602 86<br>0.001 10 |
| $x_4$ | −0.602 86<br>0.001 10 | 1.000 00 |

(5) 居住建筑的建筑层数

通过 SAS 软件对自变量 $x_5$（居住建筑的建筑层数）与因变量 $y$（每百户适龄学生就学需求系数）进行相关性分析。通过表 4.8 可以得出，居住建筑的层数对每百户适龄学生就学需求系数的相关性不显著。因此，居住建筑的建筑层数对就学需求无影响。

表 4.8 相关性分析——居住建筑的建筑层数

| Pearson 相关系数，$N=13$ | | |
|---|---|---|
| 变量 | $y$ | $x_5$ |
| $y$ | 1.000 00 | 0.322 63<br>0.282 30 |
| $x_5$ | 0.322 63<br>0.282 30 | 1.000 00 |

(6) 居住建筑的建筑面积

通过 SAS 软件对自变量 $x_6$（居住建筑的建筑面积）与因变量 $y$（每百户适龄学生就学需求系数）进行相关性分析。通过表 4.9 可以得出，居住建筑的面积对每百户适龄学生就学需求系数的相关性不显著。因此，居住建筑的建筑面积对就学需求无影响。

表 4.9 相关性分析——居住建筑的建筑面积

| Pearson 相关系数，$N=13$ | | |
|---|---|---|
| 变量 | y | $x_6$ |
| y | 1.000 00 | 0.174 57<br>0.393 70 |
| $x_6$ | 0.174 57<br>0.393 70 | 1.000 00 |

### 4.2.3 多元线性回归

通过上一小节相关性的测度，得出居住建筑的区域位置、建筑类型、建设年代、户型结构对每百户适龄学生就学需求系数有影响。为了进一步探求 4 个影响因素对于就学需求的权重数，以每百户适龄学生就学需求系数为因变量 $y$，以居住建筑的区域位置、建筑类型、建设年代及户型结构为自变量，带入 SAS 软件进行线性回归分析，建立线性回归分析模型

$$y = \beta_1 x_1 + \beta_2 x_2 + \beta_3 x_3 + \beta_4 x_4 + \varepsilon$$

其中：$y$ 为每百户适龄学生就学需求系数；$x_1$ 为居住建筑的区域位置；$x_2$ 为居住建筑的建筑类型；$x_3$ 为居住建筑的年代；$x_4$ 为居住建筑的户型结构。

将调研数据导入到 SAS 软件中，进行多元线性回归分析，如表 4.10～4.13 所示。

**表 4.10　回归方程的拟合度检验**

| 计算结果 | 数值 | 计算结果 | 数值 |
|---|---|---|---|
| 均方根误差 | 2.512 66 | $R^2$ | 0.774 9 |
| 因变量均值 | 4.965 38 | 调整 $R^2$ | 0.732 1 |
| 变异系数 | 50.603 45 | — | — |

**表 4.11　回归方程的显著性检验**

| 源 | 自由度 | 平方和 | 均方 | $F$ 值 | $P>F$ |
|---|---|---|---|---|---|
| 模型 | 4 | 456.516 59 | 114.129 15 | 18.08 | <0.001 |
| 误差 | 21 | 132.582 26 | 6.313 44 | — | — |
| 校正合计 | 25 | 589.098 85 | — | — | — |

**表 4.12　回归方程的参数估计**

| 变量 | 自由度 | 参数估计 | 标准误差 | $t$ 值 | $P>\|t\|$ |
|---|---|---|---|---|---|
| Intercept | 1 | 3.362 92 | 2.268 73 | 1.48 | 0.153 1 |
| $x_1$ | 1 | 2.368 41 | 1.288 58 | 1.84 | 0.080 3 |
| $x_2$ | 1 | −1.552 55 | 1.078 11 | −1.44 | 0.164 6 |
| $x_3$ | 1 | 2.384 41 | 0.457 91 | 5.21 | <0.000 1 |
| $x_4$ | 1 | −1.416 08 | 0.359 70 | −3.94 | 0.000 8 |

**表 4.13　回归方程的共线性诊断表**

| 个数 | 特征值 | 条件指数 $k$ | 方差比例 | | | | |
|---|---|---|---|---|---|---|---|
| | | | Intercept | $x_1$ | $x_2$ | $x_3$ | $x_4$ |
| 1 | 4.067 28 | 1.000 00 | 0.002 76 | 0.009 81 | 0.004 42 | 0.006 81 | 0.009 55 |
| 2 | 0.613 43 | 2.574 96 | 0.000 113 77 | 0.406 48 | 0.026 28 | 0.001 25 | 0.005 61 |
| 3 | 0.210 29 | 4.397 82 | 0.003 60 | 0.003 04 | 0.000 260 17 | 0.238 15 | 0.517 99 |
| 4 | 0.074 76 | 7.375 89 | 0.027 08 | 0.174 69 | 0.466 01 | 0.559 81 | 0.452 58 |
| 5 | 0.034 24 | 10.898 84 | 0.966 44 | 0.405 98 | 0.503 03 | 0.193 99 | 0.014 27 |

由表 4.10 的 SAS 软件分析的结果显示，回归方程拟合度达到 77.5%，即居住建筑的区域位置、建筑类型、建设年代、户型结构 4 个自变量可以解释每百户适龄学生就学需求系数变化的 77.5%，另外 22.5% 的部分与其他未列出的因素有关。

由表 4.11 可知，回归方程的显著性检验 $P<0.001$，表明回归方程的解释结果有显著性

意义。由表 4.12 可知，参数 $x_1$、$x_2$ 的检验结果 $P>0.05$，表明参数 $x_1$、$x_2$ 的系数无显著性意义；参数 $x_3$、$x_4$ 的检验结果 $P<0.05$，表明参数 $x_3$、$x_4$ 的系数有显著性意义。根据表 4.12 的非标准化系数结果，可以得到每百户适龄学生就学需求系数的回归方程，其线性回归模型为

$$y=2.368\ 41x_1-1.552\ 55x_2+2.384\ 41x_3-1.416\ 08x_4+3.362\ 92$$

表 4.13 的共线性诊断结果显示，当第三列的条件指数 $k=10.898\ 84$，即 $k>10$ 时，可以判断数据存在严重的内相关性。观察方差比例可以看到，变量 $x_1$、$x_2$ 的方差比例值很大，因此这两个变量有共线性。如果将这两个变量 $x_1$、$x_2$ 同时纳入一个模型中，会影响结果的稳定性。

### 4.2.4　主成分分析

为消除共线性的影响，进一步采用主成分回归分析。将每百户适龄学生就学需求系数作为因变量 $y$，居住建筑的区域位置、建筑类型、建设年代、户型结构作为自变量 $x$ 建立回归方程。对自变量 $x_1$、$x_2$、$x_3$、$x_4$ 进行主成分分析，如表 4.14 所示。

**表 4.14　主成分分析的结果**

| 序号 | 特征值 | 差分 | 比例 | 累积贡献率 |
|---|---|---|---|---|
| 1 | 1.705 127 41 | 0.545 388 88 | 0.426 3 | 0.426 3 |
| 2 | 1.159 738 53 | 0.337 875 25 | 0.289 9 | 0.716 2 |
| 3 | 0.821 863 29 | 0.508 592 51 | 0.205 5 | 0.921 7 |
| 4 | 0.313 270 77 | — | 0.078 3 | 1.000 0 |

由表 4.14 中的累积贡献率可知，前 3 个主成分包含了上文所述 4 个指标 92.17% 的信息，因此，选择前 3 个主成分取代原来的 4 个指标变量。

根据表 4.15 可以写出由标准化变量所表达的各主成分的关系式，即

$$z_1=-0.639\ 422x_1+0.701\ 806x_2+0.090\ 425x_3+0.300\ 717x_4$$

$$z_2=0.175\ 765x_1-0.026\ 053x_2-0.734\ 174x_3+0.655\ 299x_4$$

$$z_3=0.424\ 163x_1+0.034\ 959x_2+0.656\ 341x_3+0.622\ 961x_4$$

$$z_4=0.616\ 710x_1+0.711\ 033x_2-0.148\ 423x_3-0.303\ 433x_4$$

**表 4.15　各因子对主成分的贡献**

| 自变量 | $z_1$ | $z_2$ | $z_3$ | $z_4$ |
|---|---|---|---|---|
| $x_1$ | −0.639 422 | 0.175 765 | 0.424 163 | 0.616 710 |
| $x_2$ | 0.701 806 | −0.026 053 | 0.034 959 | 0.711 033 |
| $x_3$ | 0.090 425 | −0.734 174 | 0.656 341 | −0.148 423 |
| $x_4$ | 0.300 717 | 0.655 299 | 0.622 961 | −0.303 433 |

用回归分析将因变量 $y$ 对前 3 个主成分得分变量 $z_1$、$z_2$ 和 $z_3$ 做多元线性回归，如表 4.16 ~4.18 所示。

表 4.16　回归方程

| 计算结果 | 数值 | 计算结果 | 数值 |
|---|---|---|---|
| 均方根误差 | 2.460 83 | $R^2$ | 0.773 8 |
| 因变量均值 | 4.965 38 | 调整 $R^2$ | 0.743 0 |
| 变异系数 | 49.559 69 | — | — |

表 4.17　回归方程显著性检验

| 源 | 自由度 | 平方和 | 均方 | $F$ 值 | $P>F$ |
|---|---|---|---|---|---|
| 模型 | 3 | 455.873 87 | 151.957 96 | 25.09 | <0.000 1 |
| 误差 | 22 | 133.224 97 | 6.055 68 | — | — |
| 校正合计 | 25 | 589.098 85 | — | — | — |

表 4.18　参数估计

| 变量 | 自由度 | 参数估计 | 标准误差 | $t$ 值 | $P>\|t\|$ |
|---|---|---|---|---|---|
| Intercept | 1 | 4.965 38 | 0.482 61 | 10.29 | <0.000 1 |
| $z_1$ | 1 | −1.875 61 | 0.376 91 | −4.98 | <0.000 1 |
| $z_2$ | 1 | −3.157 97 | 0.457 02 | −6.91 | <0.000 1 |
| $z_3$ | 1 | 0.903 33 | 0.542 89 | 1.66 | 0.110 3 |

由表4.16可知，回归方程拟合度达到77.4%；由表4.17可知，回归模型的显著性检验 $P<0.001$，表明回归方程的解释结果有显著性意义。由表4.18可知，常数项与参数 $z_1$、$z_2$ 的检验结果 $P$ 均小于0.000 1，表明常数项与参数 $z_1$、$z_2$ 的系数均有显著性意义，参数 $z_3$ 的检验结果 $P>0.05$，表明参数 $z_3$ 的系数检验结果无显著性意义，故建立主成分回归方程式

$$y=4.965\ 38-1.875\ 61z_1-3.157\ 97z_2$$

将主成分表达式 $z_1$、$z_2$ 代入主成分回归方程式，得到因变量 $y$ 对标准自变量的回归方程

$$y=4.965\ 38+0.644\ 245\ 700\ 37x_1-1.234\ 039\ 759\ 25x_2+2.148\ 897\ 432\ 53x_3-2.633\ 442\ 395\ 4x_4$$

其中：$x_i$ 是标准指标变量，$i=1$，2，3，4。

由表4.19可得标准指标变量的变换公式

$$x_1=(x_1-0.46)/0.51$$

$$x_2=(x_2-1.42)/0.64$$

$$x_3=(x_3-2.81)/1.13$$

$$x_4=(x_4-2.81)/1.52$$

将其代入标准自变量的回归方程，得到因变量 $y$ 关于原始自变量 $x_1 \sim x_4$ 的线性回归方程（系数保留两位小数）

$$y=7.79+2.87x_1-1.79x_2+2.41x_3-1.53x_4 \tag{4-1}$$

其中：$y$ 为每百户适龄学生就学需求系数；$x_1$ 为居住建筑的区域位置；$x_2$ 为居住建筑的建筑类型；$x_3$ 为居住建筑的建设年代；$x_4$ 为居住建筑的户型结构。

**表 4.19　原始自变量的均值和标准差**

| 类别 | $x_1$ | $x_2$ | $x_3$ | $x_4$ |
| --- | --- | --- | --- | --- |
| 均值 | 0.461 538 461 5 | 1.423 076 923 | 2.807 692 308 | 2.807 692 308 |
| 标准差 | 0.508 391 127 4 | 0.643 308 755 | 1.132 050 556 | 1.523 659 562 |

自变量取值详见表 4.20。

**表 4.20　自变量取值**

| $x_1$——居住建筑的区域位置 | | $x_2$——居住建筑的建筑类型 | |
| --- | --- | --- | --- |
| 位置区域 | 取值 | 建筑类型 | 取值 |
| TWX 小学学区 | 1 | 福利房 | 1 |
| JHNL 小学学区 | 0 | 商品房 | 2 |
| | | 公寓 | 3 |
| $x_3$——居住建筑的建设年代 | | $x_4$——居住建筑的户型结构 | |
| 建设年代 | 取值 | 户型结构 | 取值 |
| 1980s | 1 | 两室一厅 | 1 |
| 1990s | 2 | 两室两厅 | 2 |
| 2000s | 3 | 三室两厅 | 3 |
| 2010s | 4 | 四室两厅 | 4 |
| | | 一室一厅 | 5 |

通过以上得出的回归方程，可以得到以下结论。

（1）居住建筑的区域位置、建筑类型、建设年代及户型结构对每百户适龄学生就学需求系数有影响，其中区域位置和建设年代对每百户适龄学生就学需求系数有正向影响，而建筑类型和户型结构对每百户适龄学生就学需求系数有负向的影响。

（2）通过对每百户适龄学生就学需求测算模型各个自变量系数绝对值的大小对比可知，居住建筑的区域位置、建筑类型、建设年代及户型结构对每百户适龄学生就学需求系数的影响大小关系为：区域位置>建设年代>建筑类型>户型结构。

（3）在其他影响因素不变的情况下，居住建筑的区域位置每上升 1 个单位，其就学需求系数就上升 2.87 个单位；居住建筑的建筑类型每上升 1 个单位，其就学需求系数就下降 1.79 个单位；居住建筑的建设年代每上升 1 个单位，其就学需求系数就上升 2.41 个单位；居住建筑的户型结构每上升 1 个单位，其就学需求系数就下降 1.53 个单位。

### 4.2.5　模型建构

研究得出，回归模型标准化残差的绝对值最大为 1.760，没有超过默认值 3。以每百户适龄学生就学需求系数为因变量的标准化残差正态 P-P 图如图 4.1 所示，从图中也可以发现残差具有正态分布的趋势，因此，可以认为本节提出的主成分回归分析模型是合适的。

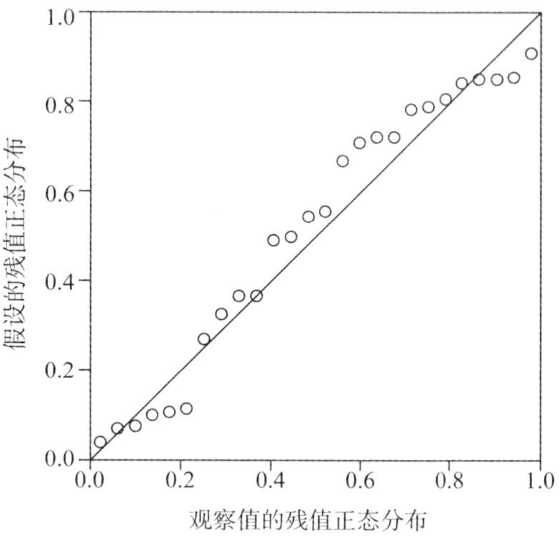


**图 4.1　标准化残值正态 P-P 图**

## 4.3　既有学区就学需求测算

根据 TWX 小学学区、JHNL 小学学区居住建筑的区域位置、建筑类型、建设年代、建筑户型的影响因素（见表 4.21、4.22），通过式（4-1）计算不同区域位置、不同建筑类型、不同建设年代及不同户型结构下的居住建筑所产生的每百户适龄学生就学需求系数，自变量取值详见表 4.20。

将 TWX 小学学区所分类的各个相关信息，代入式（4-1）中，得出各自对应的每百户适龄学生就学需求系数，如表 4.23 所示。

**表 4.21　TWX 小学学区居住建筑分类统计**

| 居住建筑的区域位置 | 居住建筑的建筑类型 | 居住建筑的建设年代 | 户型结构 | 户数/户 |
|---|---|---|---|---|
| TWX 小学学区 | 福利房 | 1980s | 两室一厅 | 2 675 |
| | | | 两室两厅 | 986 |
| | | | 三室两厅 | 36 |
| | | | 四室两厅 | 24 |
| | 福利房 | 1990s | 两室一厅 | 169 |
| | | | 两室两厅 | 311 |
| | | | 三室两厅 | 410 |
| | | | 四室两厅 | 8 |
| | 福利房 | 2000s | 一室一厅 | 109 |
| | | | 两室两厅 | 1 016 |
| | | | 三室两厅 | 737 |
| | 福利房 | 2010s | 一室一厅 | 290 |
| | | | 两室一厅 | 344 |
| | | | 两室两厅 | 712 |
| | | | 三室两厅 | 587 |
| 合计：8 414 户 | | | | |

表 4.22　JHNL 小学学区居住建筑的总户数

| 居住建筑的区域位置 | 居住建筑的建筑类型 | 居住建筑的建设年代 | 户型结构 | 户数/户 |
|---|---|---|---|---|
| JHNL 小学学区 | 福利房 | 1980s | 一室一厅 | 80 |
| | | | 两室一厅 | 378 |
| | | | 两室两厅 | 912 |
| | 福利房 | 1990s | 两室一厅 | 126 |
| | | | 两室两厅 | 56 |
| JHNL 小学学区 | 福利房 | 2000s | 两室两厅 | 484 |
| | | | 三室两厅 | 584 |
| | 福利房 | 2010s | 两室两厅 | 204 |
| | | | 三室两厅 | 204 |
| | 商品房 | 2000s | 一室一厅 | 192 |
| | | | 两室一厅 | 143 |
| | | | 两室两厅 | 610 |
| | | | 三室两厅 | 928 |
| | 公寓 | 2000s | 一室一厅 | 326 |
| 合计：5 227 户 | | | | |

表 4.23　TWX 小学学区每百户适龄学生就学需求系数计算结果统计

| 居住建筑的区域位置 | 居住建筑的建筑类型 | 居住建筑的建设年代 | 户型结构 | 每百户适龄学生就学需求系数 |
|---|---|---|---|---|
| TWX 小学学区 | 福利房 | 1980s | 两室一厅 | 9.75 |
| | | | 两室两厅 | 8.22 |
| | | | 三室两厅 | 6.69 |
| | | | 四室两厅 | 5.16 |
| | 福利房 | 1990s | 两室一厅 | 12.16 |
| | | | 两室两厅 | 10.63 |
| | | | 三室两厅 | 9.1 |
| | | | 四室两厅 | 7.57 |
| | 福利房 | 2000s | 一室一厅 | 8.45 |
| | | | 两室两厅 | 13.04 |
| | | | 三室两厅 | 11.51 |

续表

| 居住建筑的区域位置 | 居住建筑的建筑类型 | 居住建筑的建设年代 | 户型结构 | 每百户适龄学生就学需求系数 |
|---|---|---|---|---|
| TWX小学学区 | 福利房 | 2010s | 一室一厅 | 10. 86 |
| | | | 两室一厅 | 16. 98 |
| | | | 两室两厅 | 15. 45 |
| | | | 三室两厅 | 13. 92 |

根据每百户适龄学生就学需求系数×户数/100 得出 TWX 小学的就学需求量，即 TWX 小学学区小学生人数＝（9. 75×2675＋8. 22×986＋6. 69×36＋5. 16×24＋12. 16×169＋10. 63×311＋9. 1×410＋7. 57×8＋8. 45×109＋13. 04×1016＋11. 51×737＋10. 86×290＋16. 98×344＋15. 45×712＋13. 92×587）/100＝946 人。

同理，得出 JHNL 小学学区的每百户适龄学生就学需求系数（见表 4. 24），并计算得出 JHNL 小学的就学需求量，即 JHNL 小学学区小学生人数＝（0. 76×80＋6. 88×378＋5. 35×912＋9. 29×126＋7. 76×56＋10. 17×484＋8. 64×584＋12. 58×204＋11. 05×204＋3. 79×192＋9. 91×143＋8. 38×610＋6. 85×928＋2×326）/100＝383 人。

**表 4. 24　JHNL 小学学区每百户适龄学生就学需求系数计算结果统计**

| 居住建筑的区域位置 | 居住建筑的建筑类型 | 居住建筑的建设年代 | 户型结构 | 每百户适龄学生就学需求系数 |
|---|---|---|---|---|
| JHNL小学学区 | 福利房 | 1980s | 一室一厅 | 0. 76 |
| | | | 两室一厅 | 6. 88 |
| | | | 两室两厅 | 5. 35 |
| | 福利房 | 1990s | 两室一厅 | 9. 29 |
| | | | 两室两厅 | 7. 76 |
| | 福利房 | 2000s | 两室两厅 | 10. 17 |
| | | | 三室两厅 | 8. 64 |
| | 福利房 | 2010s | 两室两厅 | 12. 58 |
| | | | 三室两厅 | 11. 05 |
| | 商品房 | 2000s | 一室一厅 | 3. 79 |
| | | | 两室一厅 | 9. 91 |
| | | | 两室两厅 | 8. 38 |
| | | | 三室两厅 | 6. 85 |
| | 公寓 | 2000s | 一室一厅 | 2 |

综上，TWX 小学学区与 JHNL 小学学区测算的人数分别为 946 人和 383 人，而实际就学人数分别为 2 695 人和 496 人（详见表 4. 25）；同时，对比表 3. 23 的供需预判，测算结果基

本一致，即 TWX 小学学区与 JHNL 小学学区的预测人数小于学校的实际就学人数，其跨学区现象严重、优质教育资源严重短缺，致使学校内部普通教室不够，部分功能教室被吞噬，学校建筑空间品质难以提升。

**表 4.25　TWX 与 JHNL 小学学区与实际就学人数对比统计表**

| 学区 | 预测人数/人 | 实际就学人数/人 |
|---|---|---|
| TWX 小学学区 | 946 | 2 695 |
| JHNL 小学学区 | 383 | 495 |

## 4.4　本章小结

本章在相关性分析法、多元线性回归法和主成分回归法的认知基础上，鉴于居住空间的新形式、新类型，既有学区就学需求以居住空间为要素，选取两个同类型（供>需）的小学及其学区（TWX 小学学区和 JHNL 小学学区）进行重点调研和样本测算。同时根据调研数据纳入 SAS 软件对其进行相关性检验，从而得出居住建筑的区域位置、建筑类型、建设年代和户型结构对就学需求的影响；另外，通过多元线性回归和主成分分析，建构了学区就学需求的测算模型，即主成分回归分析模型。本章根据 TWX 小学学区、JHNL 小学学区居住建筑的区域位置、建筑类型、建设年代、建筑户型影响因素，代入主成分回归分析模型得出适龄学生就学人数，其测算结果与第 3 章的供需预判结果基本一致。同时，本章进一步佐证了当学校供小于学区求的状况下，一方面反映了该学区划分的合理性和优质教育资源的短缺；另一方面，需进一步审视该学区的学校建筑空间承载，在保障全纳就学的前提下，不断提升学校建筑空间品质，有效控制因学生超员而导致对有限教育空间的侵占和压缩。

# 第 5 章

# 中学学校空间构成及其特征

## 5.1 学校总体布局

校园总体布局伴随着时代的发展也从原先的注重功能分区的布局模式朝着“集中式”模糊分区的方向发展。虽然分区模糊，但功能和空间依然是设计的重中之重。早期校园建设基本处于粗放型的发展状态，建筑布局按照各个功能区形成系统化的封闭组团，而新建校区已打破了这种粗放型的校园模式，在城区老校址改扩建如火如荼的新形势下，学校总体布局也在往高度集约化的方向发展。新的布局模式通过对校园功能的重新审视，并分析其内在关联，对原有独立设置的建筑功能进行复合，以此来达到节约用地、拓展空间以及提高校园运作效率的目的。此外，“人情化”的空间环境氛围营造也是学校总体布局中不可缺失的，反映在具体的规划布局上则是对校内师生交往、休憩、活动空间的强化。

### 5.1.1 规模布局变迁

由于陕西关中地区大城市老城区早期无组织的建设导致普遍存在空间布局混乱的问题，加之高密度的居住人口以及复杂的生源构成，使其原有的设施配套难以满足学区内的使用需求。另外，房地产的快速发展使得城区内基本无闲置用地，城市可建设用地不断向外扩张，导致老城区内学校建设用地无法拓展。教育体制的不断革新，以及校园功能多样化的不断完善、校舍建筑的更新改造，也使学校用地一直处于紧张状态。

在本书调研的 4 所中学中，除 FH 中学学校用地一直保持不变外，其他学校用地均有不同程度的扩张，如表 5.1 所示。其中，HY 第一中学及 GX 一中原为初高中一体化，后改制为单一式高中和初中，在校园用地保持不变的情况下，校内可建设用地增多，学校规模随之扩大。CL 中学一直以来作为高级中学，在其发展过程中也曾将原校址向外扩张，重新修建运动场。因此，本书调研的 4 所学校在 2010—2015 年间，都存在一定程度的规模扩张。

表 5.1　4 所学校规模布局变迁

| 学校 | HY 第一中学 | | | |
|---|---|---|---|---|
| 规模布局变迁 |  | 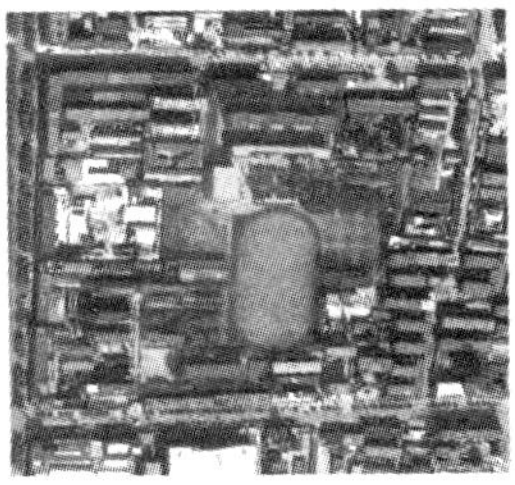 | 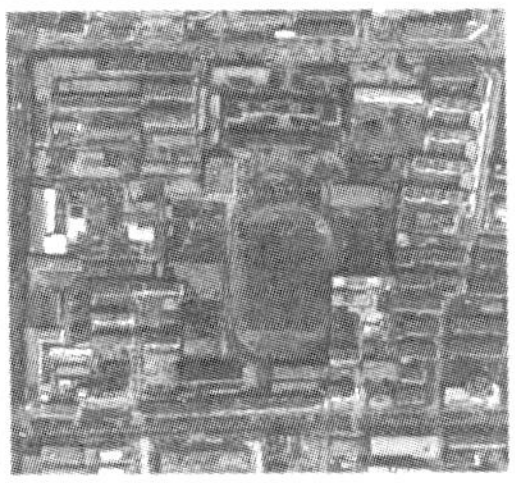 |  |
| 年份 | 2002 | 2006 | 2011 | 2016 |
| 学校 | GX 一中 | | | |
| 规模布局变迁 |  |  |  |  |
| 年份 | 2000 | 2007 | 2014 | 2017 |
| 学校 | FH 中学 | | | |
| 规模布局变迁 | 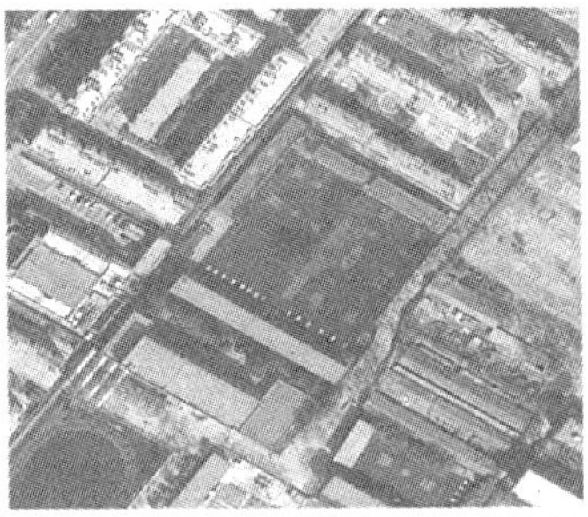 |  |  | |
| 年份 | 2009 | 2013 | 2017 | |
| 学校 | CL 中学 | | | |
| 规模布局变迁 |  |  | | |
| 年份 | 2009 | 2014 | | |

## 5.1.2 用地布局特征

通过实地调研发现，4 所学校空间布局较为紧凑（见表5.2）；由于4 所学校均是建校历史较长的老校，在其发展历程中都经过一系列的改、扩建，而无秩序的校舍拓展致使空间格局变得混乱，难以形成合理的功能分区。另外，由于用地制约下的功能空间外移或校内功能空间缺失等因素，导致校内功能分区不完善。除 HY 第一中学能明显地划分教学区、生活区和体育活动区 3 个部分功能区外，其余学校空间布局受用地制约，生活区与其他功能区混置。

表 5.2　4 所学校用地布局

| 学校 | HY 第一中学 | GX 一中 |
|---|---|---|
| 用地布局 | 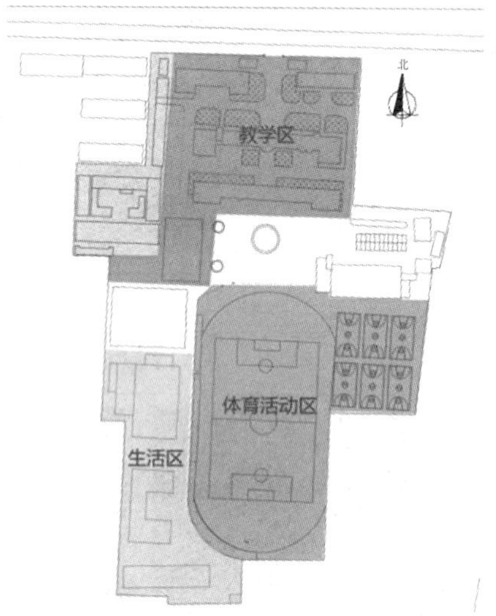 | 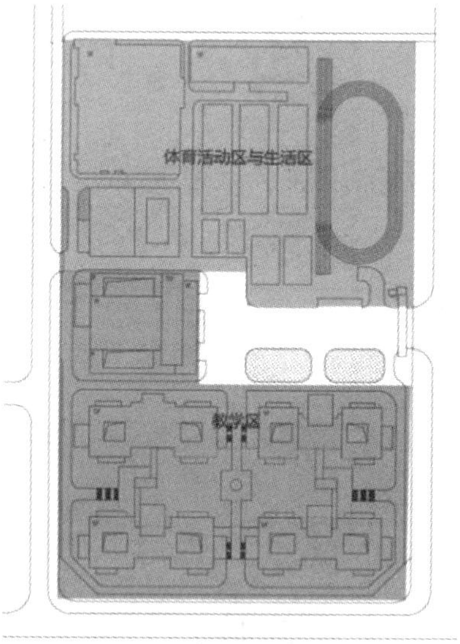 |
| 学校 | FH 中学 | CL 中学 |
| 用地布局 | 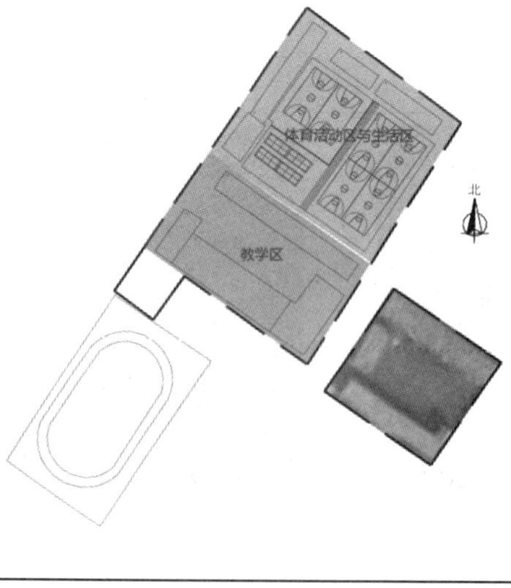 | 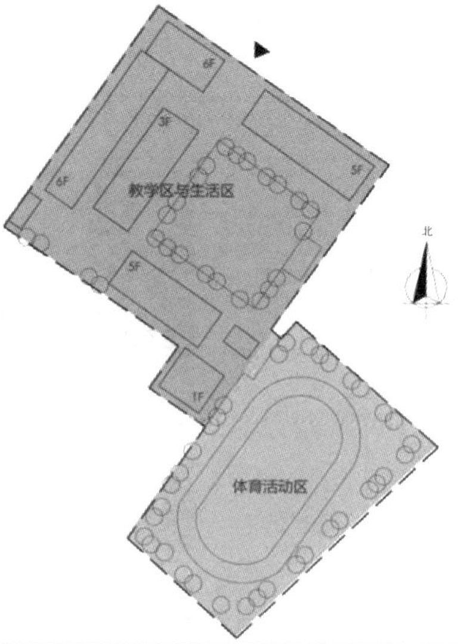 |

校园功能、空间相对固定，学校选址一次成型；城区校园建设年代较早，根据不同时期使用需求不断扩大，校园布局分期、分区、分段建设；学校用地扩展采用申请征用周边闲置用地或租赁等形式，土地多次重组呈现不规则形状；学校周边情况复杂，居住区、商业等多种业态包裹下的校园扩展较难，多种问题困扰下的学校也在寻求土地高效利用的方式。通过调研发现，在校舍改扩建中，校园往往形成两种布局形式，一种是分散式布局，即"见缝插针"式的建造方式，这种方式完全没有考虑规划布局是否合理；另一种是集中式布局，采用这类布局方式的校园用地多已达极限。

（1）分散式布局

校园分散式布局较为常见，主要原因在于学校没有整体规划，建筑大多不是同一时期建造。加之学校早期规划模式较为单一，并未考虑后期学校发展，在后期改扩建中随机新建或加建，这也导致建筑间距普遍较小，运动场与教学楼不满足规范间距要求，互相干扰较大。分散式的布局方式，体现了现有学校在校舍更新中，单方面追求使用需求，并未全方位考虑校园空间环境整体品质的提升。

通过实地调研发现，CL中学为保证高质量办学而对校舍不断进行扩建。学校沿入口主轴依次划分为教学区、生活服务区等，占用入口广场。新建建筑并未从整体规划考虑，整个校园扩建以"补丁"的方式自由随意布局，打破功能区之间本该有的内在联系；生活区、教学区及体育活动区域之间紧密相连无任何缓冲区域，互相干扰较大，如图5.1所示。

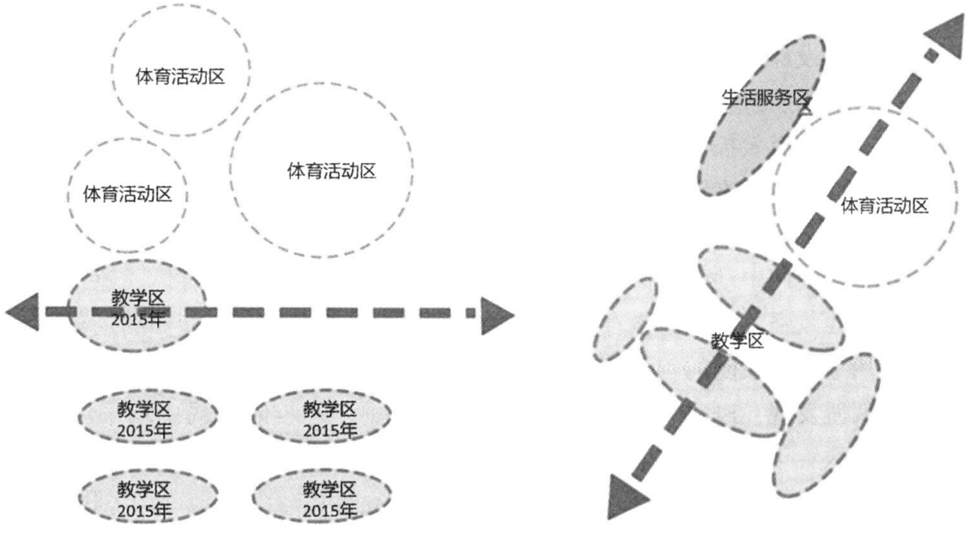


**图5.1　CL中学空间布局**

HY第一中学用地较为富裕，建校伊始整个校区为初中、高中一体的完全中学，占地93.6亩。学校分为南北两区，拥有独立轴线。南北两地块内合理布局，建筑均为1~2层的低层建筑，各功能区规则有序。其中，教学区、生活区、体育活动区的建设一气呵成，功能分区明确，且将生活区与教学区以体育活动区适当分隔，保证各区互不干扰，如图5.2所示。

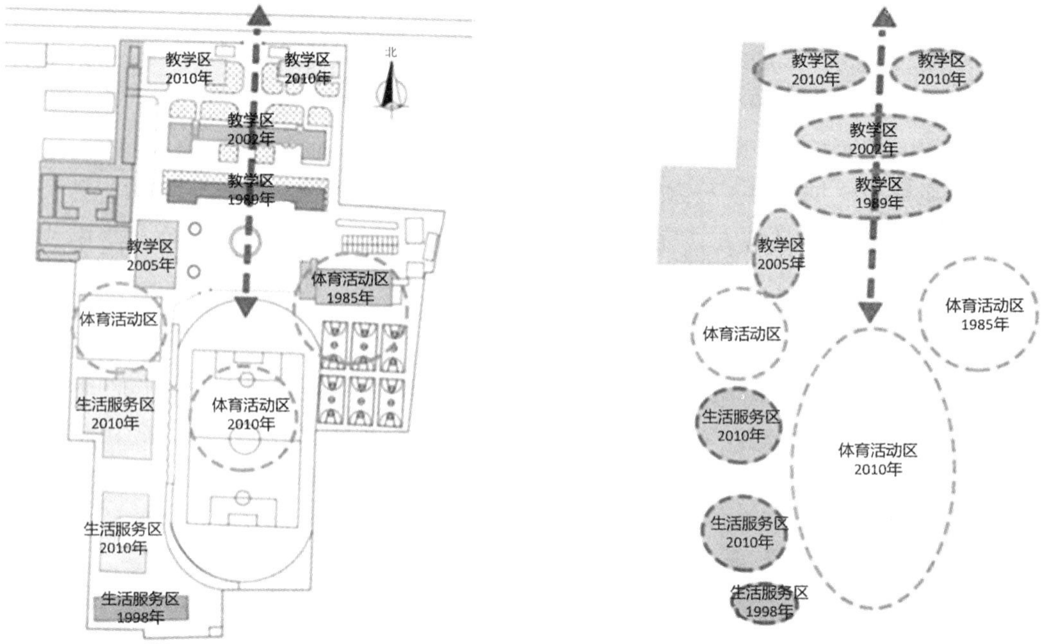


图 5.2　HY 第一中学空间布局

（2）集中式布局

集中式布局是集约化设计的体现，城区中学多采用紧凑集中的布局形式且用一条主轴划分动静区域，一半设计成整体式建筑空间，一半为活动场地。教学区、生活区等功能联系紧密的区域共同组成同质区域，不仅能加强各功能单元间的交流互动，也可以共用相近的公共活动空间。同时，也有效控制了建筑间距，避免了从宿舍到餐厅再到教室之间的动线过长。

集中式布局使学校基本能容纳下所有的功能，校园建筑集中布置于一侧或成“L”型沿用地边线布置，剩余场地设置为运动场及各种活动场地。集中式布局的优点主要体现在土地高效开发，在实际使用中动静分区明确，体育活动对教学干扰较小。整体式建筑各功能空间联系紧密，渗透性较强，但同时也存在流线穿插等问题。集中式布局能够满足学校对功能完整性要求，为用地紧张校园的首选规划布局方式。

通过实地调研发现，FH 中学与 GX 一中用地较规整，在校园布局中均采用集中式布局模式；即将教学区置于用地一侧，其余用地全部作为体育活动区域。不同之处是 GX 一中布局分区明确，教学区四栋教学楼通过连廊与平台连接形成内部庭院，为师生创造了优美的活动、休憩、交往空间，如图 5.3 所示。FH 中学将一部分生活服务区域置于体育活动区域内，占据部分活动场地，如图 5.4 所示。

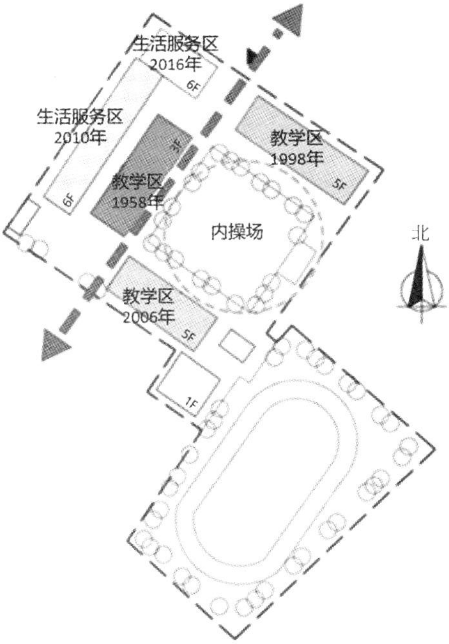


图5.3　GX一中用地布局

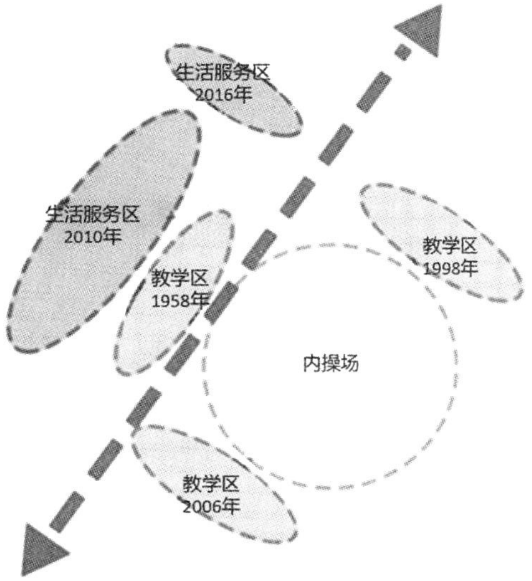


图5.4　FH中学用地布局

## 5.2　教学空间

根据《中小学校设计规范》（GB 50099—2011），学校空间可以分为教学用房及教学辅助用房和行政办公用房两大类。其中，教学用房为学校办学基础，受用地制约的学校在校园建设中一般优先考虑教学空间的建设，以满足日常教学，而对空间多样性未加以考虑。其次，生源较好的学校多沿用原有教学楼进行更新改造以再次投入使用，教学空间品质较差，直接影响了学生身心健康发展。

### 5.2.1　空间组织形式

中小学教学空间组织大致分为单元式串联和整体式串联两种形式。单元式组织模式将每个教室及其公共活动区域、教辅空间划分为一个教学单元，将这些单元依次连接起来，在一个教学单元内，学生和教师均有其独立的学习、办公、活动空间；整体式组织模式，是将所有普通教室进行串联式布置，再将教辅空间统一布置在某一处，整栋建筑活动区域学生公用，教师集中办公。

通过实地调研发现（见表5.3），4所学校教学区教学空间组织形式较为单一，全部由普通教室依次布局，其布局形式基本保持早期校舍教学空间布局“一”字形或“U”形，这对于空间不足时的空间加建是有利的，但走廊作为一种弹性空间仅具有交通作用，整体空间的多样性、多元化的利用还有待提高。

**表 5.3　4 年学校教学空间组织形式调研结果**

<table>
<tr><th>调研学校</th><th>教学空间组织形式</th></tr>
<tr><td rowspan="2">CL 中学</td><td>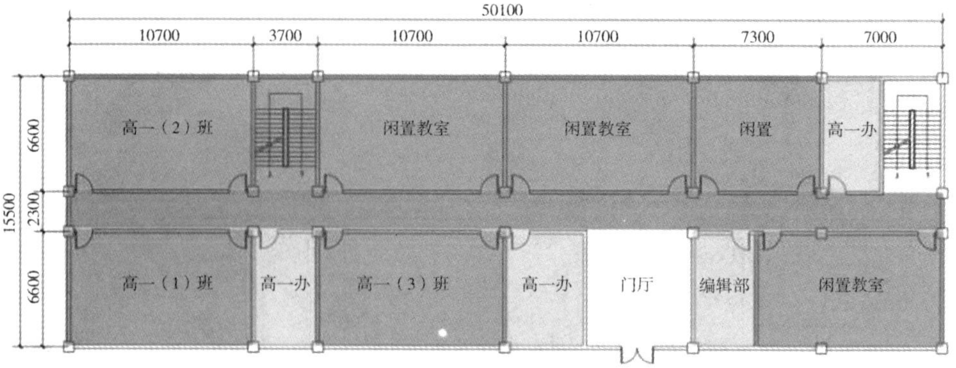
</td></tr>
<tr><td>教学楼呈“一”字形布局，两侧设有功能空间和办公室；内廊式的布置方式不利于北侧教室的采光。走廊宽度 2.3 m，能保证正常通行。</td></tr>
<tr><td rowspan="2">HY<br>第一中学</td><td>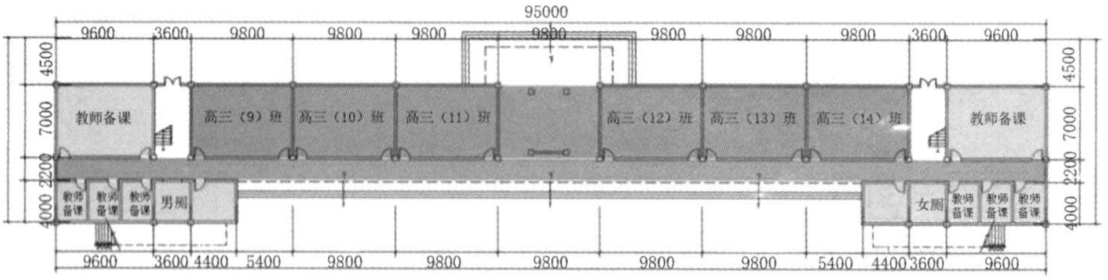
</td></tr>
<tr><td>教学区功能由普通教室及办公空间构成，整栋楼呈“U”形布局，普通教室单侧布置用走廊依次连接。走廊宽度为 2.2 m，整体较窄，空间无其他功能。</td></tr>
<tr><td rowspan="2">FH 中学</td><td>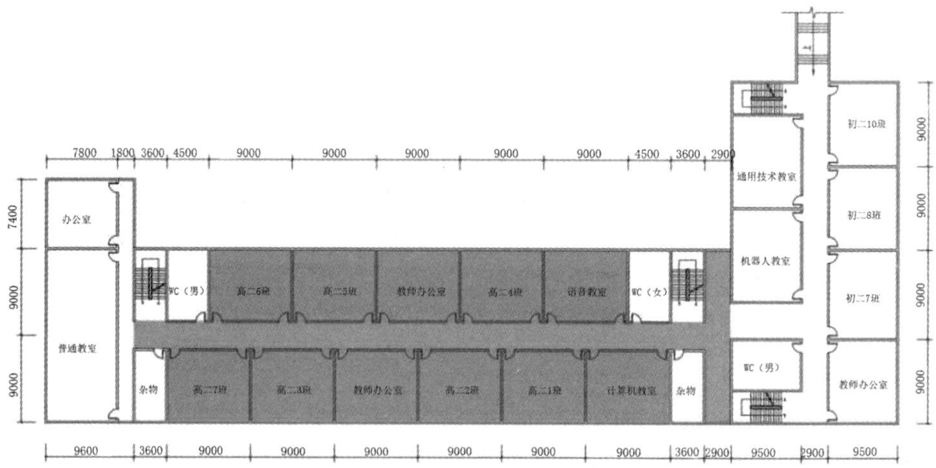
</td></tr>
<tr><td>教学楼功能由普通教室及实验室构成，各单元走廊两侧排布并由走廊串联。整栋建筑由于加建成“U”形，两端为实验楼、综合楼。教学区普通教室分置于走道两侧，走廊宽度为 3 m，适宜布置其他功能。</td></tr>
</table>

续表

<table>
<tr><th>调研学校</th><th>教学空间组织形式</th></tr>
<tr><td rowspan="2">FH 中学</td><td>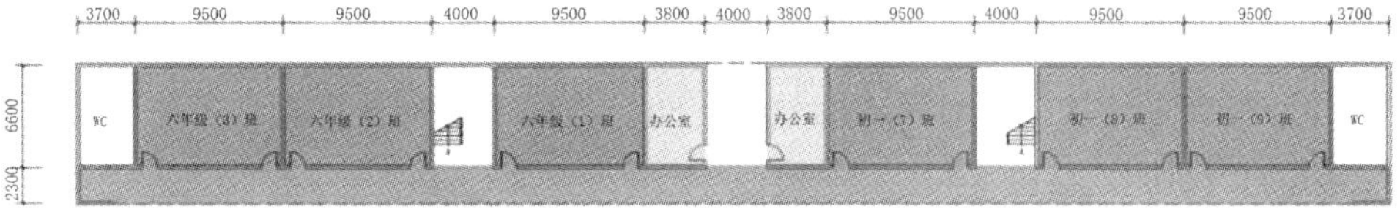
</td></tr>
<tr><td>FH 中学中的另一栋教学楼由单外廊贯通整栋建筑，空间布局呈“一”字形。主要由普通教室及办公空间组成，办公空间置于中间位置。走廊宽度 2.3 m，满足正常通行。后期校舍改建，与其他建筑相连，空间布局稍有变化。</td></tr>
<tr><td rowspan="2">GX 一中</td><td>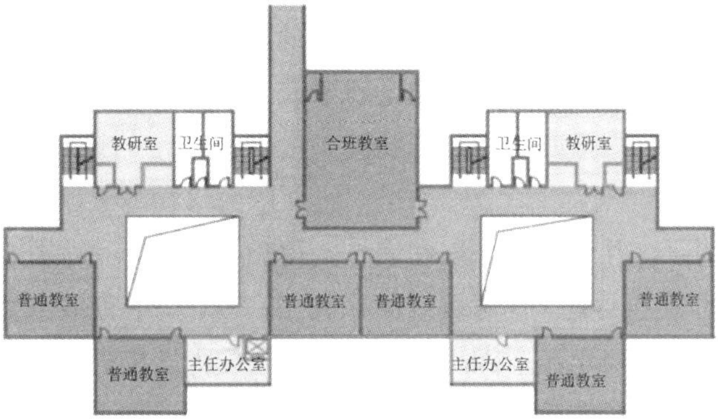
</td></tr>
<tr><td>GX 一中教学区不同于其他学校，采用围合式的空间布局，普通教室及办公空间围合中庭布置，形成“回”字形走廊，采光通风俱佳。整栋建筑分成两组，形成轴对称。走廊空间曲折多样，课间学生基本在走廊停留休憩，但没有附加其他功能。</td></tr>
</table>

如图 5.5 所示，学校教学空间发展的 3 个时期特征分别为：1.0 版本的学校仅以满足基本教学需求为主；2.0 版本则采用机械式的空间构成模式，教室规整排列，更加注重学生的精细化教学；3.0 版本则是体现学校空间的多样性，空间组合呈现出多形态的模式，教学表现形式也更加丰富。

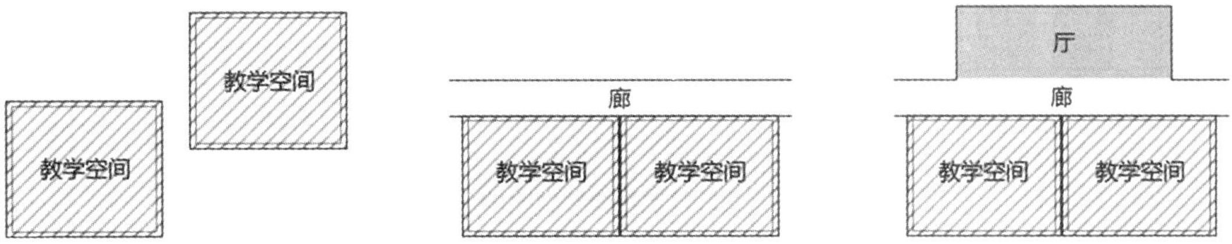


（a）　（b）　（c）

**图 5.5　教学空间发展的 3 个时期**

（a）1.0 版本；（b）2.0 版本；（c）3.0 版本

上述4所学校教学空间组织形式基本还停留在2.0版本，空间较为单一，呈“一”字形、“U”形，且主要为满足教学需求，对其建筑空间多样性使用并无深度考究。其中，GX一中的新型空间布局形式值得其他学校在教学空间改扩建中借鉴，但对于空间的高效利用依然没有到达最大化。对此，值得参考的是日本中学建筑，把主教学楼交通空间与交流空间结合设计，打破了传统独立封闭式的教学空间，不仅为学校教育提供多种形式，同时促进了学生之间的交流协作。

### 5.2.2 空间使用情况

普通教室是中小学建筑内最主要的使用空间，学生在校期间80%的时间在教室中度过，学习、休息、活动甚至吃饭都是在各自班级中完成。随着就学需求的增加，在师资力量有限的情况下，原则上学校只能略微提高单班人数，对原有教室尺度进行微调。但更多的学校则是强行在原有教学班内加入更多的学生，致使空间拥挤，学生活动不便，继而直接影响授课质量。规范中要求普通中学的普通教学班额定人数为50人，并逐步实现授课形式的多样化，但目前这些学校教室内空间拥挤的现状除了能保证正常的授课外，难以组织其他多样化的教学活动。

通过实地调研，并根据图5.6和表5.4得出，除GX一中外，其他3所学校班级人数均超过规范要求的额定人数，普通教室面积较小。GX一中班级人数基本满足规范要求，其普通教室面积超出规范要求，空间相对较为宽松。4所学校现有教学空间在功能扩展方面基本无法实现，仅能满足传统教学需要。

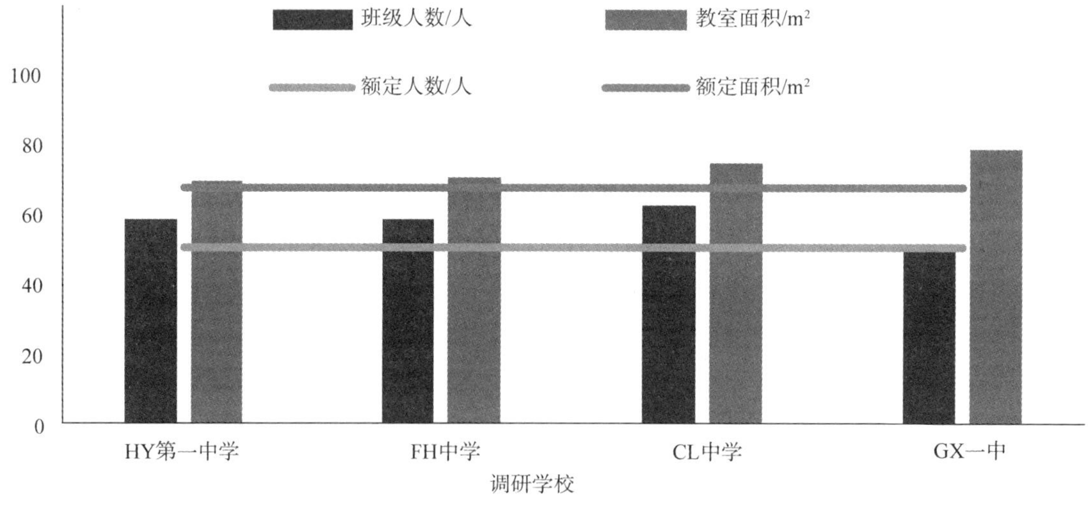


**图5.6 调研学校普通教室面积及人数统计**

**表 5.4　调研学校普通教室使用情况**

<table>
<tr><td colspan="3">HY 第一中学</td></tr>
<tr><td rowspan="4"></td><td>教室面积/m²</td><td>69</td></tr>
<tr><td>班级人数/人</td><td>58</td></tr>
<tr><td colspan="2">空间使用情况</td></tr>
<tr><td colspan="2">教室空间拥挤，前后课桌间距仅满足正常端坐，整个空间处于饱和状态，人数已达上限，空间无拓展可能。学生下课多在自己座位上，教室内走道仅满足 1 人通过。教学楼为单廊式空间格局，教室可保证双向采光，自然采光充足</td></tr>
<tr><td colspan="3">FH 中学</td></tr>
<tr><td rowspan="4"></td><td>教室面积/m²</td><td>70</td></tr>
<tr><td>班级人数/人</td><td>58</td></tr>
<tr><td colspan="2">空间使用情况</td></tr>
<tr><td colspan="2">教室后排空间留有富余，学生课间多在走廊或后排活动。内廊式布局导致北侧教室较暗，全天需间接采光，以满足正常教学和学习要求</td></tr>
<tr><td colspan="3">CL 中学</td></tr>
<tr><td rowspan="4"></td><td>教室面积/m²</td><td>74</td></tr>
<tr><td>班级人数/人</td><td>62</td></tr>
<tr><td colspan="2">空间使用情况</td></tr>
<tr><td colspan="2">教室空间基本饱和，课桌间距较小。同样为内廊式空间组织形式，室内采光较差。讲堂一侧布置储物柜，主要供教师使用</td></tr>
</table>

续表

<table>
<tr><td colspan="3">GX 一中</td></tr>
<tr><td rowspan="4"></td><td>教室面积/m²</td><td>78</td></tr>
<tr><td>班级人数/人</td><td>51</td></tr>
<tr><td colspan="2">空间使用情况</td></tr>
<tr><td colspan="2">教室开间进深比例较小，课桌排布五列，使得最后一排距离讲台不会太远。但教室走道较窄，学生行走不便，教室一端留有活动空间，并设置储物柜。讲堂空间相较其他学校较窄</td></tr>
</table>

而开放式教室在日本早已普遍应用，具体表现为 3+1 或 3+公共走廊的模式，即 3 个教室采用固定隔墙，其余通过可移动隔墙形成多种空间模式，丰富授课形式；但此种方式仅限于校园生均面积充裕的情况。

随着就学人数的不断增加，学校在无法确保足够数量的教室时，只能通过提高单班人数来解决这一问题。学生的听课质量由此受到严重影响，同时，教师在授课时也无法顾及所有学生，教学空间带来的教学质量差距就随之出现。

## 5.3 办公及生活用房

### 5.3.1 空间功能构成

虽然《国家教育事业发展第十二个五年计划》明确提出要“严格控制新建学校在校生规模，不搞超大规模学校”，但实际情况并非如此。城区中小学被动式的扩招迫使学校不得不扩大校园规模，而有限的建设用地无法保证学校扩建的需求，因而需要对原有功能区及学校资源进行重新整合，加大其办学规模；这种方式在一定程度上是对资源的高效利用。

学校为满足日益增加的就学需求，继而对校舍不断进行改扩建，并为新的功能需求同步配置新的建筑空间。原本有限的用地规模使学校在建设中不得不舍弃部分功能，加之现有“建设标准”中对于学生和教师工作、生活部分关注的缺失，导致被抛弃的功能以办公及生活用房居多。生活用房的缺失将直接造成校内功能的不完整，也会给师生生活带来不便。规范中制定的功能空间，其目的是确保空间使用中的一种动态平衡，将办公空间用教学空间取代来满足就学需求，会使学校师资无法保障。

通过实地调研（见图 5.7）发现，4 所学校办公及生活用房数量、面积，随普通教室数量增加而增加，远超出规范要求，行政办公室也相对富余。各类办公用房在 4 所学校内均有设置，部分空间存在面积不达标等情况。其中，生活服务用房方面，除 FH 中学受用地限制将餐厅移至校外社区内，其他学校在校内均设有教职工餐厅，学校通过分时使用来满足全校师生就餐的需要。城区中学虽多为走读制，但仍需配套宿舍来满足少数寄宿学生及单身教师的使用需求。除 GX 一中外，其他学校均配有不同数量的宿舍。通过调研了解到 4 所学校均有意新建或加建学生宿舍，但目前受限于用地规模无法实施。

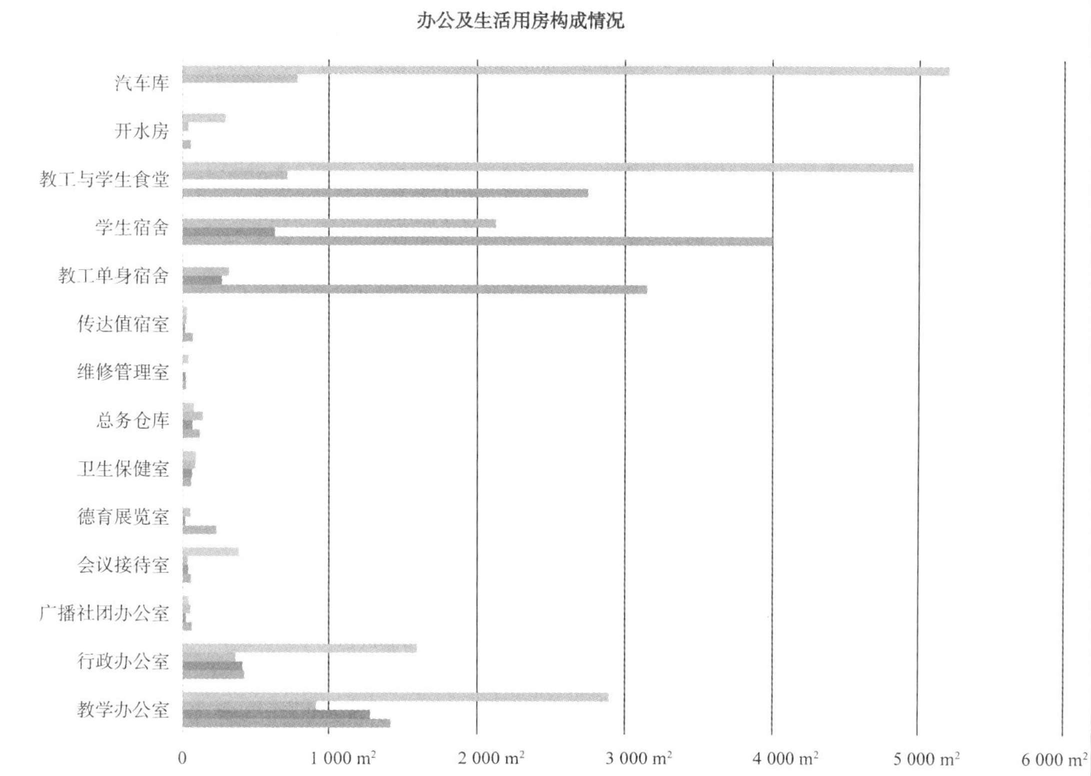


| 学校 | 教学办公室/$m^2$ | 行政办公室/$m^2$ | 广播社团办公室/$m^2$ | 会议接待室/$m^2$ | 德育展览室/$m^2$ | 卫生保健室/$m^2$ | 总务仓库/$m^2$ | 维修管理室/$m^2$ | 传达值宿室/$m^2$ | 教工单身宿舍/$m^2$ | 学生宿舍/$m^2$ | 教工与学生食堂/$m^2$ | 开水房/$m^2$ | 汽车库/$m^2$ |
|---|---|---|---|---|---|---|---|---|---|---|---|---|---|---|
| GX一中 | 2 891 | 1 599 | 43 | 388 | 0 | 92 | 80 | 42 | 33 | 0 | 0 | 4 960 | 300 | 5 200 |
| CL中学 | 915 | 365 | 55 | 36 | 55 | 89 | 139 | 0 | 29 | 322 | 2 126 | 720 | 44 | 790 |
| FH中学 | 1 281.42 | 411.63 | 25.84 | 39.42 | 19.53 | 66.88 | 69.16 | 23.04 | 20 | 273 | 635 | 0 | 0 | 0 |
| HY第一中学 | 1421 | 425 | 65 | 58 | 233 | 60 | 120 | 25 | 73 | 3 148 | 4 000 | 2 748 | 60 | 0 |

图 5.7 调研学校办公及生活用房构成情况

## 5.3.2 空间构成特征

通过实地调研发现，4 所学校在用地制约下其教学办公空间均穿插设置在教学楼中。在较为集中的大班额办学中，由于经常是 1 位任课教师教授 4 ~ 6 个教学班，因此办公室临近教室布置，且若干教学班共享 1 间教师办公室（见图 5.8），便于教师办公与课外辅导。办公空间多为大空间，内部通过隔断进行分割，空

图 5.8 GX 一中教师办公室

间变化多样，多名教师同时进行办公。此外，规范规定，教学用房建议设于5层以下。为了节约用地，将教学用房置于低层，教学辅助及办公用房置于高层，以此节约校园建设用地，也便于教学与办公空间之间的互动，减少交通面积，如图5.9所示。

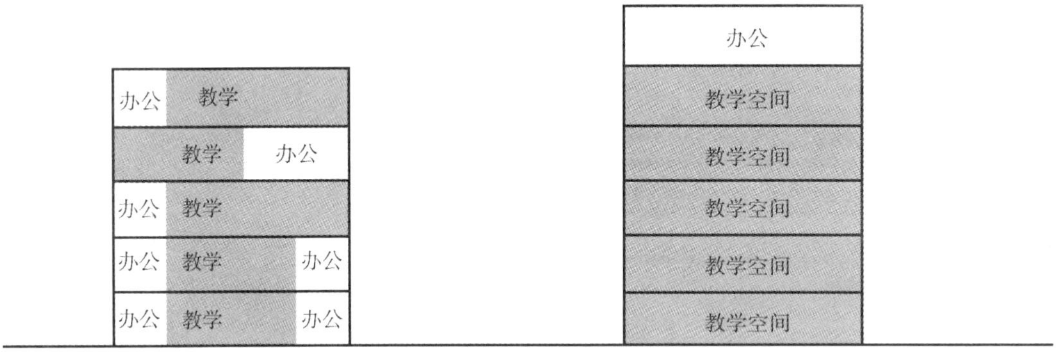


**图5.9　办公空间组织模式**

另外，大多学校并未对行政办公空间单独划分区域，除HY第一中学校内有独立行政办公楼，其他学校行政办公均采用复合形式设置于其他建筑内。

对于生活用房的配置，学校在校舍建设中往往置于最后考虑，从而造成生活用房功能缺失较为严重。其中，设置餐厅的学校，餐厅均复合有其他功能，如HY第一中学餐厅与礼堂功能复合；CL中学餐厅与宿舍功能复合；GX一中餐厅与体育馆功能复合。另外，学生使用餐厅的频率并不高，多数学生选择就近社区的“小饭桌”或学校周边餐馆就餐。部分调研学校学生餐厅如图5.10所示。

（a）　　　　　　　　　　　　（b）

**图5.10　部分调研学校学生餐厅**

（a）HY第一中学；（b）CL中学

部分学校采用改造的形式，对原有建筑进行内部空间重新划分形成新的学生宿舍。一些新建宿舍在校园早期规划中并未预留建设用地，多为“见缝插针”式的布置。宿舍层数一般为5~6层，空间形式单一，多采用内走廊双向布置，每个宿舍6~8人。学生从单一教学空间到单一生活空间，缺少交往活动空间。

在用地条件有限的前提下，校内功能空间缺失现象多出现在办公及生活用房，且该类空间多被定义为辅助空间，通常不受学校重视。学校在改扩建中，为保证教学空间足量，多以牺牲办公或生活用房为代价，直接影响了师生日常的校园生活。目前，基于中国封闭式教育体系，学生全天候在校园中生活，对于空间环境的塑造将直接影响学生对生活的认知；虽然很多学校慢慢地重视除教学空间外其他空间的建设，但受到用地限制，实施难度较大。

# 5.4　体育运动场馆

## 5.4.1　场馆构成分布

近年来教育部强调“素质教育”，很多中小学校校园新建的体育场馆无论从规模还是规格上与过去相比都有了很大的提高。通过实地调研（见表 5.5）发现，4 所学校仍存在活动场地面积不足、运动器材及配套设施落后、体育教学环境差等问题。很多位于城区的学校受到城市快速发展、校园周围无地可用的条件限制，校园用地依旧保持 20 世纪 60、70 年代建校时原有的用地规模，但学生数量却在逐年上涨。在这种情况下，校舍扩建只能侵占原有的体育场地，因此室内体育空间严重不足。而新建的学校大多不存在校园规划用地紧张的问题，多数学校提高了对场馆设计的要求，按照较高标准配备相应的体育场馆。但是调研发现，这些新建学校并没有充分利用馆内设施，普遍存在“高投入、低利用”的现象。

**表 5.5　调研学校体育运动场馆的布局形式及调研分析**

| 调研学校 | 布局形式 | 调研分析 |
| --- | --- | --- |
| CL 中学 | 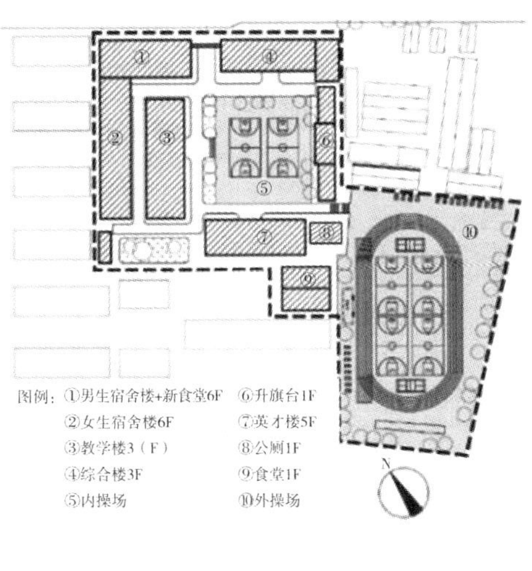  | CL 中学校园室外体育场地面积 10 282 $m^2$，面积较大，但是学校没有风雨操场；内操场目前不作为运动场地使用，仅仅作为学校升旗仪式场地；学校主要体育活动还是在后操场上进行 |

续表

| 调研学校 | 布局形式 | 调研分析 |
| --- | --- | --- |
| HY 区<br>第一中学 | 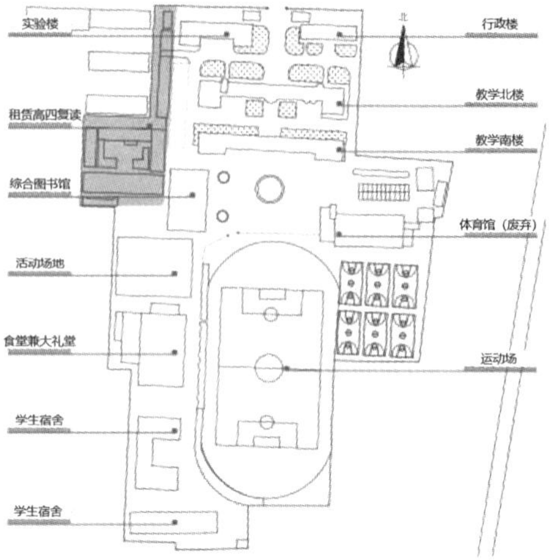 | 运动面积重组，但是在室外设施配置上，由于用地紧张，致使仅有篮球场，而无其他体育运动设施、场地 |
| FH<br>中学 | 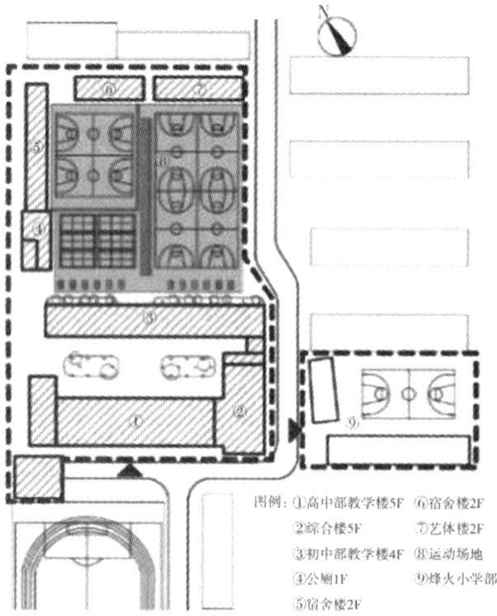 | 用地十分紧张，由于学生规模扩张，学校只能侵占体育场地加建校舍，造成学校体育场地面积急剧减少。校内没有标准的运动场，现有的场地为篮球场地、羽毛球场地等，与教学区紧邻。校内的初中部及高中部共计 6 个年级的学生体育课均在此处进行 |
| GX<br>一中 | 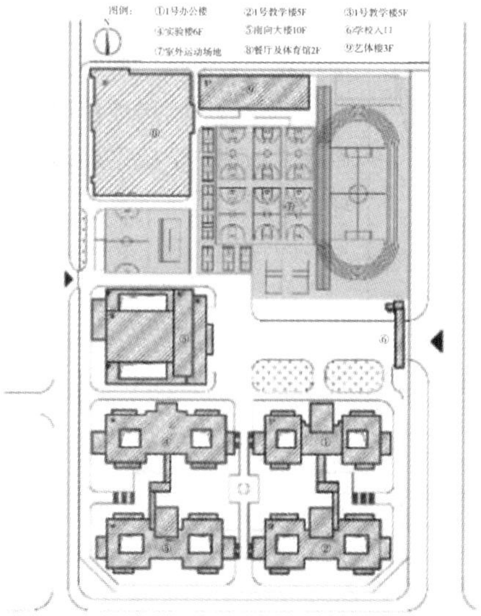 | 室外体育场地运动项目种类丰富，场地设施完善，符合体育场地建设标准，能满足学生的使用需求 |

## 5.4.2　场地类型特征

运动场用于学生体育活动以及学校大型典礼，为避免日常教学受到干扰，规范中明确规定其与教学楼应有不小于 25 m 的间距。我国现有中学的运动场地普遍不符合规范要求，而且其中很少有学校采用标准 400 m 运动场（内含标准足球场），因为这种标准形式会占据大量用地。在用地紧张的情况下，一些学校会选择 200 m 运动场并将篮球及排球等场地置于运动场内部而取消足球场；更有校内无法配置运动场时，将场地外移于校外的情况。

根据实地调研（见图 5.11）发现，四所学校运动场情况各不相同，并呈现出如下 4 种类型。

(a)　(b)　(c)　(d)

**图 5.11　调研学校运动场使用现状**

(a) HY 第一中学；(b) GX 一中；(c) CL 中学；(d) FH 中学（校外）

(1) 标准型运动场设置于校区内部

运动场地设置于校区内部是规范要求的标准做法，这种模式需要学校有充足的用地。由于运动场既具有功能性同时也具有空间过渡性，因此在校园中的布局形态也是多样的。根据场地的具体情况，可将运动场设置于一侧或穿插布置于生活区与教学区之间。HY 第一中学从建校初期到现在一直留有400 m运动场，且场地位置一直设置在教学区与生活区中间，未曾发生变化。根据不同时期的校园更新改造，HY第一中学对其运动场的配置标准也在不断提高。最早的煤渣跑道已变为现在的塑胶跑道，并且场地内设标准足球场，单侧布置看台及主席台，能够满足学生的使用和大型活动、运动会等的举办需求。

（2）非标型运动场设置于校区内部

城区中学新建或改扩建受到用地限制，通常会对校内运动场用地进行挤压，GX一中在校舍改扩建之后，拟建运动场用地被其他功能区侵占，运动场设计用地不足以新建400 m标准运动场。学校遂新建200 m非标准运动场，内设小型足球场，目前基本满足日常体育课分班使用，但无法保证全校学生同时使用；学校已考虑将现有运动场改建为立体运动场，在有限的用地中对运动场面积进行扩展。

（3）租赁用地新建运动场与校区组合

在学校用地十分紧张的情况下，无任何土地进行运动场设计时，学校可对现有用地进行外扩，租赁或购买周边闲置用地用以建设校园设施。CL中学原有校舍无法满足建设标准运动场地，校方通过对临近工厂闲置用地进行租赁新建400 m标准运动场，与学校连通。但因为学校用地十分紧张，在运动场内并未设置标准足球场，而是换成篮球场和羽毛球场。

（4）运动场外移设置于校区外

在调研过程中发现，部分学校在用地紧张时，利用校外公共运动场作为学校活动空间使用；该运动场既要承载体育教学活动同时也要保证居民日常健身运动。该形式不利于学生室外运动活动的开展，运动场可达性较差，课余时间学生只能在校内有限的公共活动区活动，降低了学生体育运动的积极性。FH中学因校内用地接近饱和状态，学校建校初期运动场就设置在校外FH社区内，形式为标准400 m运动场且内部设有标准足球场。运动场为小学、中学、社区居民共享，并分时段使用。

室外运动场是校内承载学生活动的主要场所，运动场的配置标准以及布局的合理性直接影响学生在校期间的体育活动情况。用地制约下的中学尤其是城内老校区的校园用地十分紧张，运动场空间分布呈现出多种模式，除以上4种模式外，屋顶运动场、半地下运动场等也颇为常见。

## 5.5 学校周边及学区公共设施

学校周边区域环境与学校之间存在着“相互作用”的关系，这种关系往往会带来很多积极的影响，但同时也会限制学校向外拓展用地。这种情况在城市中心区，尤其是老城区非常凸显。通过实地调研发现，在老城区中小学校周边存在商业的聚集，主要是餐饮业，其次是学习用品店，以及各种培训班、辅导班、托管班等，并多集中于学校主要出入口。因此，居住小区、商业店铺、培训机构是学校周边“业态”的主要构成部分；在一定距离范围内，还有公园、广场、文化展馆等公共服务设施，如图5.12所示。

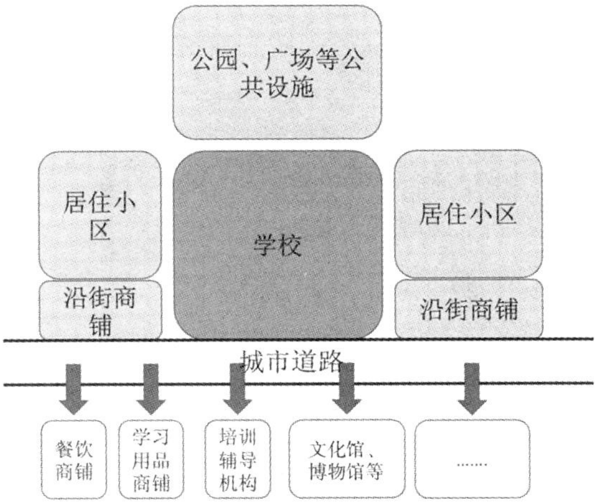


图 5.12　学校周边“业态”情况

## 5.5.1　学校周边用地

用地紧张的学校，常有着悠久的办学历史，校址固定，经历多年发展的形成既有状态，这个状态并不是静态的，而是一直处于动态变化中，且至少在一定的时间内是稳定的状态。在校舍建设完成后，学校附近才相继建设一系列配套设施。早期的学校建设，很少有周边设施与学校同步建设的。用地制约下的学校由于建校较早，没有预留用地，随着社会发展，周边用地被社会其他功能占用。通过实地调研分别标识出四所学校周边 4 所用地情况及其周边设施，如表 5.6 所示。

表 5.6　4 所学校周边用地情况及其周边设施

| 学校 | 周边用地情况 | 周边设施 |
| --- | --- | --- |
| HY 第一中学 | 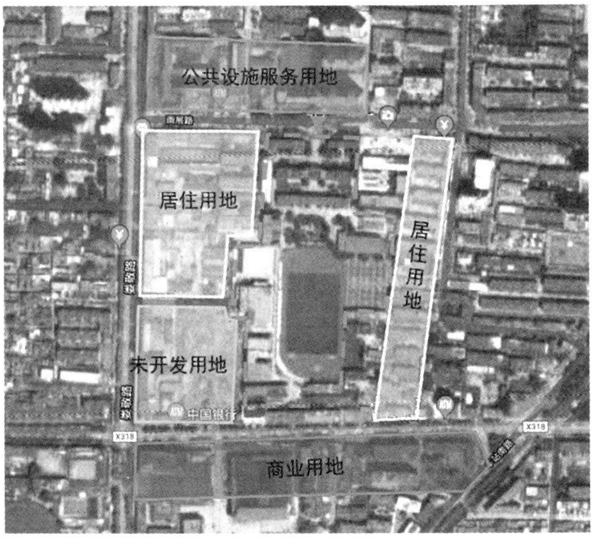  | 学校位于市中心区，对面是大型公共服务设施，校南门对着商业街，左右两侧为居住小区 |

续表

| 学校 | 周边用地情况 | 周边设施 |
| --- | --- | --- |
| CL<br>中学 | 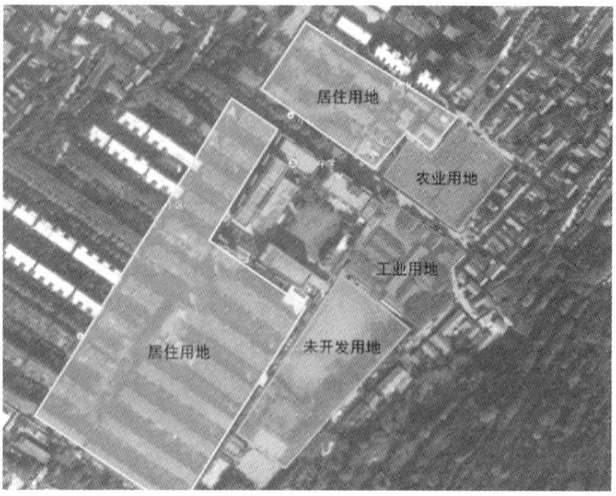 | 学校位于市边缘区，周边有大片未开发土地，但土地属于当地村委，难以购置用以扩建 |
| FH<br>中学 |  | 学校位于 FH 社区内，周边为居住用地，学校正对面为社区公共服务设施用地 |
| XJD<br>附属<br>中学 |  | 学校位于 XA 市中心城区，被居住区包围，西侧是大学校园，学校拓展的场地为居住用地 |

通过对调研 4 所学校周边用地的用地性质划分可以看出，学校周边以居住用地为主，另外有少量商业用地和公共服务设施用地。其中：1）HY 第一中学拓展的教学区用地为西侧印刷厂小区闲置多年的厂房；2）CL 中学拓展的运动场地用地是未开发用地，拓展的临时食堂用地为附近小区的用地；3）FH 中学位于企业的社区内，所以校园四周的用地从大类上均是企业自用地；4）XJD 附属中学拓展的教学楼、食堂及学生公寓用地是社区的居住用地。

## 5.5.2　学区公共设施

位于老城区的中小学校，面临用地紧张、周边环境复杂的问题。而学校周边、学区范围内的公共设施（比如文化馆、博物馆、体育馆），则成为缓解学校用地压力的有效途径。因此，中小学校空间环境拓展不仅仅指将校内教学空间、办公及生活用房、体育运动空间等功能放置校外，还包括了学校的某些功能被校外公共设施取代，并非一定要设置特定、固属的空间。

在实地调研中，HY 第一中学与县城农民画展馆紧密相连（见图 5.13）。因此，学校经常组织学生前往学习、参观；学校的美术教室设置在图书楼的顶层，只有少量的几个教室，且平时常用于社团活动，因此，按照新的教学要求，每学期教师会带学生在农民画展馆上课 4 ~5 次；农民画展馆也非常愿意欢迎学生的学习使用，这本身对于农民画的传承具有积极的作用。在距学校西南角 500 m 内有一个县级体育活动中心，是县城举行大型活动的地方。对于学校的大型体育活动，这也是很好的可用资源。

**图 5.13　HY 第一中学周边重要节点**

FH 中学是一所典型的“学社共享型”学校，由于是企业附属学校，在整个企业的社区内，有满足学生基本生活和教育的全部资源设施。FH 中学校园用地面积严重不足，校内除了两栋教学楼，一个活动场地，基本没有其他用地。学校体育场借用社区体育场，同时，在距 FH 中学 500 m 范围内还有一个文化体育馆，如图 5.14 所示。

图 5.14　FH 中学周边重要节点

## 5.5.3　空间互动特征

通过实地调研发现，学校周边及学区公共设施呈现出如下特征。

1）校园周边环境复杂、“业态”丰富，导致学校对校外餐饮行业依赖性较大。比如：CL 中学、FH 中学均缺乏食堂，学生吃饭一直依赖校外餐馆。对此，学校只能增强管理系统，门卫严格监管，以保障学生安全。由于学校与街道相邻，学生上下学，家长接送都要穿过街道，进而使校外街道的环境与校内环境截然对立。

2）学校用地不足，被周边复杂环境包围，导致学校将部分功能空间放置校外。呈现出“空间环境拓展”的外在表现方式有“临时使用”“长期租赁使用”“共享错时使用”等，这些都需要满足学校场地的需求，并且要在学校附近，能保证学生安全来回于两地之间；还有一种特殊的外在表现形式，是学校将这一部分功能“拓展”，实质是学校不再建设这部分功能的使用空间，而是将这个功能交给社会，由社会行业、企业承担。比如食堂的功能，在国外已经有将食堂交给社会承办的先例。

3）学校周边文化体育公共设施资源丰富。对于有着用地压力的学校来说，是非常有利的外部条件，为其后期出现“空间环境拓展”提供了可能性。

4）位于相对封闭的家属区内。这类学校大多属于某一单位的附属设施，如 CL 中学和 FH 中学就是企业子弟学校，位于企业职工社区内。这类社区的居民工作性质较为单一，管理较为严格，环境封闭。在实地调研中发现，很多用地受到限制的校园，为保证正常教学的需要，学校常需要跟周边资源进行共享（见表 5.7）。

表 5.7　共享设施的特点、共享要求及对校内空间的影响

| 共享设施 | 特点 | 共享要求 | 对校内空间的影响 |
| --- | --- | --- | --- |
| 体育场馆<br>游泳馆 | 占地面积较大<br>一次性投入资源多<br>维护要求高 | 和邻近的单位或社区共享运动场馆，空间距离较近，步行同时在 10 min 以内，交通便利，减少安全隐患 | 校内可不设置大型运动场馆，或者在屋顶、地下空间设置运动场 |

续表

| 共享设施 | 特点 | 共享要求 | 对校内空间的影响 |
|---|---|---|---|
| 剧院<br>报告厅 | 开放性较强<br>使用频率不高<br>通常和商业结合 | 因其开放性和使用管理规定，和邻近单位或社区共享报告厅 | 学校可不单独设置大型会议室、报告厅，在建筑内某一层设置即可 |
| 博物馆<br>艺术馆<br>图书馆 | 文化教育性强<br>与社区结合紧密 | 和邻近的单位或社区共享文化设施，可结合学校或社区教育活动展开 | 校内可仅设置教室图书角、教室、阅览室和书库 |

## 5.6 本章小结

随着城镇化的加速，以及人们对于优质教育资源的需求，加之教育规划用地的有限性，致使学校空间环境大多以满足基本教学为核心，除此以外的空间环境不断被压缩。有限的优质教育资源超负荷运行，学校的使用现状中存在的种种问题严重影响青少年的身心健康。超大规模学校由于现阶段缺少校园配置标准，导致其改扩建实施混乱。很多城区学校在改扩建中为满足就学容量占用室外活动场地，教室拥挤，缺乏品质，对学生的成长极为不利。因此，本章以实地调研的陕西关中地区大城市 4 所中学为样本，分别从学校总体布局、教学空间的组织形式和使用，办公及生活用房的功能构成及特征，体育运动场馆的分布与类型，学校周边的用地性质和学区内公共设施的配套五个方面进行梳理、归纳；并提出在满足现行规范要求的前提下，通过增加更多的功能空间以适应新的教育诉求，通过在有效组织的基础上对各类功能空间加以整合利用，以集约用地，提高空间的利用率，为学校内外空间的统筹计划奠定实证基础。

第6章

# 学校内外空间统筹计划

## 6.1 空间统筹计划特征

### 6.1.1 功能多样

随着社会发展，现代化进程加快，学校教育也由单一转向多元化发展，原有功能不足以满足学生日益多样化的功能需求。

(1) 多种需求的普通教室

随着时代的发展及教育理念的革新，普通教室除了满足正常班级教学活动外，也拓展出了多样化的功能，如小组讨论、教室辅导、自习及图书阅览等，班级的模式也从原有的封闭单一走向开放、多层次。最典型的组合是单元班的组群模式，如日本福光町立福光中部小学，一个年级的教室围绕一个“开放式学习空间”进行布局，如图6.1所示。“开放式学习空间”可以作为日常教学活动中教室的延伸，也可作为课后交流、讨论和游戏的场所；在“开放式学习空间”周围会设置一系列辅助空间，如教师角、教材角等。

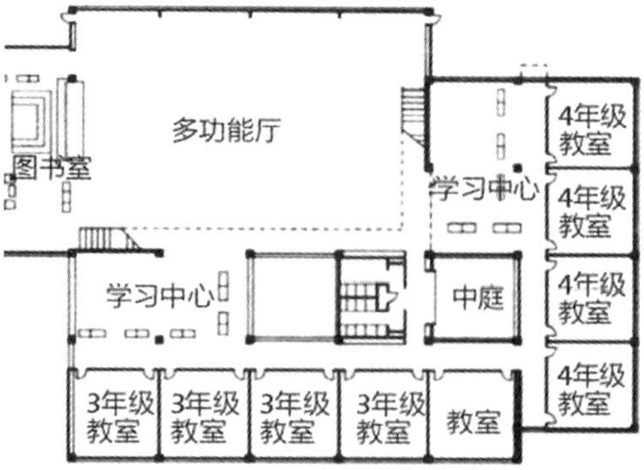


图6.1　福光町立福光中部小学平面示意

(2) 多样化的专用教室

在学校原有的功能配置基础上，学校结合自身的情况以及地域特点等向特色教育的方向发展，在一些方面形成了特有的优势，从而提高了学校的品质。如 XAGX 一小在培养小学生兴趣方面表现出色，其中较为突出的是音乐教室。综合楼设有不同的音乐教室，包括管乐室、古筝室、古琴室、架子鼓室、钢琴室等，这些专用教室都开放，学生可以利用课间休息时间来练习。

## 6.1.2 学社共享

随着社会的发展，学校的空间变得更加丰富。众多高品质的学校新增设了体育馆、游泳馆、报告厅、礼堂、音乐厅等功能空间。图 6.2 为 XAGX 一小功能用房。

(a) (b) (c)

**图 6.2 XAGX 一小功能用房**

(a) 架子鼓室；(b) 古筝室；(c) 钢琴室

由于体育馆、游泳馆、报告厅等功能空间的利用率比普通教室以及专用教室低，因此可考虑与社区共享。与此同时，学校的空间布局带来相应调整，可对外开放的功能向着学校边界发展，而学校相对独立的功能则与之相反。学校在总体空间布局上，既注重了开放性空间对外易达，也注重了相对独立功能的隐私性、安全性，以及避免噪声、人流线的干扰。

## 6.1.3 空间多元

(1) 立体化

为了高效利用学校用地，可以将一些次要的教学用房在垂直方向上解决，如地下空间和屋顶空间的利用。如图 6.3 所示，HZ 市 TT 县 CC 第二小学新校区在二十几年前规划占地面积 10.8 亩，以满足当时十几个班的使用；然而现在学校已有 30 个班，学生人数超过 1 400 名，新校区位于县城中心，向外扩展的可能性极小，原有用地仅够建设一栋满足教室要求的教学楼，因此校方在房顶上修建了 200 m 环形跑道，将土地基地面积尽可能留给了建筑空间。BJHLG 学校则将游泳馆放置于地下一层。

（a）　　　　（b）　　　　（c）

**图 6.3　立体化空间利用案例**

（a）HZ 市 TT 县 CC 第二小学；（b）BJHLG 学校地下层游泳馆；（c）BJHLG 学校剖面图

（2）整体化

学校建筑由单一建筑的组合转变为整体化建筑，形成建筑综合体。整体化建筑中心的共享空间作为核心组织交通空间，围绕一个中心功能布局。如图 6.4 所示，TJHX 小学由于用地的限制，将学校建筑整合成综合体，中庭空间将为核心交通空间，同时作为共享空间。

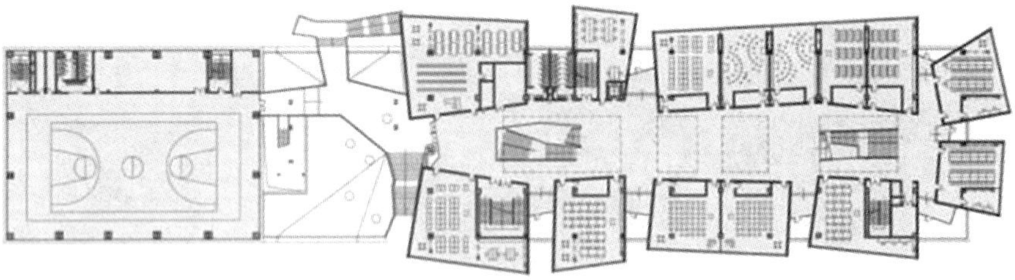

**图 6.4　TJHX 小学平面图**

（3）复合化

不同功能空间的复合，能够提供灵活多变的功能空间，进而使空间利用高效化。如室内体育场，可以供羽毛球、排球、乒乓球等多种活动作为场地使用，还可用作体操、舞蹈排练的场地，同时还可以供学校集会使用，兼具多功能厅的作用。如图 6.5 所示，Skovbakken 小学的大空间里结合楼梯做了一个大台阶，学生坐在台阶上可以阅览，也可以交流，同时能够以班级为单位开展活动。

**图 6.5　Skovbakken 小学空间复合示范**

# 6.2 空间统筹计划原则

## 6.2.1 功能空间的灵活性

在设计中提出空间计划，即可转换的设计概念，不仅可以根据学校现在的教学要求灵活地对空间进行使用，也可以应对学校未来因生源变化引发的空间诉求；从而为未来学校的功能变化，以及学校资源与社区共建、共享提供可能性。现行的学校建筑其结构是难以改变的，改造工程耗资较大且难以实现，因此设计易于改变的设施对于未来的学校是很有必要的。在功能构成上，普通教室、专用教室及公共教学用房、办公用房、生活服务用房应得到增强，基于地区情况或由学校建设，或共享校外公共设施。

（1）普通教室

学生在学校的学习过程中，多数时间是在各类教室中度过的，其中普通教室使用最为频繁，且在教学用房中数量最多，因此，普通教室的设计尤为重要。目前，大部分学校的普通教室在教室的大小、桌椅排布方式、使用方式上都存在着不妥。这是因为教育模式的变革对教学空间也有了新的要求，原来的普通教室功能较为单一，而现在普通教室不仅需要满足授课的需求，还应担负多种功能，如阅读区、讨论区等。另外，原有的教室往往为了隔绝外界的干扰而设计的比较封闭，由此会导致内走廊过于阴暗，如果在走廊侧设置玻璃窗会增加采光，但又易影响教学。在教学楼改扩建中，可借鉴日本中小学建筑做法，将走廊作为普通教室空间的延续。对普通教室而言，需要增大每班的实际使用面积来缓解生均面积的不足。本书根据对现场的调研以及对优秀案例的分析总结，在征求了调研学校的师生意见以了解其可接受度后，将普通教室的更新方式总结如下。图6.6为普通教室更新策略示意。

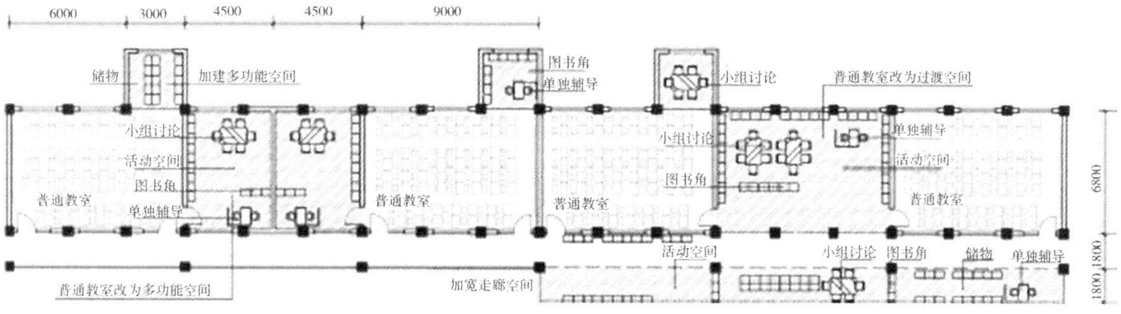


**图6.6 普通教室更新策略示意**

一是对教室内部空间的拓展。可以扩大教室的使用空间，一方面可局部加宽教室的进深作为多功能空间，根据班级的需要转化为小组讨论空间、教师单独辅导空间、储物空间等，从而缓解教室的拥挤现有；另一方面，也可以将相邻3间教室中的一间划分成两个部分，作为两侧教室的多功能空间，为普通教室划分层次，将多样化的功能需要利用这一部分空间来解决。

二是可以向教室以外的空间拓展。可将教学楼的外廊加宽，将教室的储物空间、图书、讨论等空间外移到放大的走廊空间。此外，还可以设置过渡空间，打破教室空间的封闭。如改变教室入口的位置，打开居中的教室墙壁作为公共空间由多班合并使用，方便学生活动。

(2) 专用教室及公共教学用房

专用教室及公共教学用房由于未设或被普通教室及教师办公室等功能挤占，普遍缺项较多，不能满足规范的要求和学校使用的需求。随着科技的发展以及教育方式的改革，学校的专用教室及公共教学用房也应随之增加，因此，各类教学用房的数量和面积也应有所提高。

同时，学校也可拓展出新的功能空间，如游泳馆、礼堂等；或将原有的功能空间放大，如学校的体育活动室、图书阅览室整合为体育馆、图书馆。以图书馆为例，随着教育模式的改革，信息技术的发展，图书馆作为学校资源的中心，其重要性将会增加，面积也会随之增大，图书借阅方式由闭架向开架转变，阅读方式由纸质向纸质与电子结合，图书馆也将转化为阅览与讨论的结合，开放式的使用趋势使图书馆的对外开放也成为可能。学校在提升自身空间环境品质的过程中也应根据自身需求选择增加新的功能。

根据对实地调研学校的统计，本书将专用教室及公共教学用房按照规范要求分为学校普遍设有的需要提高面积数量的、多数学校缺失但需要增加的以及规范没有要求学校可拓展的三类进行总结（见表6.1和表6.2）。

**表6.1　专用教室功能分类**

| 类型 | 用房构成 |
|---|---|
| 已有但需增加面积的 | 实验室（理化生）、计算机教室 |
| 缺失但需要增加的 | 音乐教室、美术教室、书法教室、地理教室、语音教室、劳动技术教室 |
| 可拓展的 | 木工室、模拟驾驶室、雏鹰计划室、排练室、天文天象馆、烹饪室、数学探究实验室、演讲厅、科技展览馆、3D创意设计室、机器人室、业余无线电台室、通用技术教室、历史教室、版画室、琴房、舞蹈教室…… |
| 注：表格中各类用房均包括其辅助用房，表格中可拓展的新功能仅以所收集到学校的资料为例 | |

**表6.2　公共教学用房功能分类**

| 类型 | 用房构成 |
|---|---|
| 已有但需增加面积的 | 合班教室、图书阅览室、心理咨询室、体育活动室 |
| 缺失但需要增加的 | 科技活动室 |
| 可拓展的 | 文化类：图书馆……<br>演艺类：礼堂、剧场、报告厅、多功能厅、阶梯教室、录播室、电视工作室……<br>体育类：游泳池、健身房、体育馆……<br>技术类：信息中心…… |
| 注：表格中各类用房均包括其辅助用房，表格中可拓展的新功能仅以所收集到学校的资料为例 | |

专用教室与公共教学用房的使用是具有时段性的，因此，在空间资源本来就不足的学校

中，也应当注重教室空间的复合性，从而使一个空间可以通过改变使用时间以满足多种不同功能的使用，从而避免空间闲置的浪费。

（3）办公用房

《城市普通中小学校校舍建设标准》中规定的办公用房指标偏低，在实际使用中，虽然调研学校的办公用房面积超过规范指标，但仍存在不满足使用的情况，需根据实际使用诉求增加面积。

（4）生活服务用房

生活服务用房缺口较大，首先需要增加卫生间的数量与面积。老校区建筑建成年代较久，学校卫生间数量普遍不足。师生食堂的增设也是必要的，目前，约有半数的学生在校门口的小餐馆或小摊贩处解决每天的餐饮，不利于学生的健康。学校的宿舍空间也急需得到改善和增加。

### 6.2.2 空间布局的开放性

学校使用者的主体是学生，其次是教职工，最后是外来使用者。外来使用者在以往的学校管理中是不存在的；但随着社会的发展，越来越多的学校开始对外开放，共享文化体育设施，这一部分使用者也将在越来越多的学校中出现。因此，从学校的空间布局着手，将可向外界开放的功能空间向着学校入口附近整合，使其便捷、易达，并且不会干扰到学校的正常教学。

目前，用地紧张、超员运作的学校在布局上的变化不会很大，且由于教育经费及学校学生上课周期的限制，调研学校的改扩建工程多数都是在寒暑假内赶工完成。改扩建一般也在不改变学校布局的情况下进行，这样多会引发学校用地布局不合理，使用不便捷等问题。

学校的功能分区一般划分为教学区、生活区与活动区三个部分。而在开放式学校的理念下，这种分区方式过于绝对，更加合理的解决方式是将学校的功能进行重组。开放式的学校理念将校舍、运动场地提供给附近社区居民，从而提高了校舍以及设施的利用率，加强了学校与外界的联系，也节约了社会资源，将原本封闭的学校变成了学习的共同体。

这种开放共享对学校空间与设施也提出了新要求，学校的公共建筑空间需要满足多种功能的使用。因此，在总体布局中就需要考虑哪些设施是可以向社区居民开放的，在开放的同时还不应干扰正常的教学活动，便于学校的管理。目前，部分学校将运动场共享给社区。专用教室以及公共教学用房的使用由于其时段性利用率并不高，在管理上通过充分的利用时间，提供给附近居民也是可行的。如图书阅览室、计算机教室等可以在学生不使用时开放给附近的居民，从而满足更多人的使用需求，提高了资源的利用率，实现了资源共享。

对学校的功能空间通过其对外开放的程度划分层级。运动场地以及体育馆、游泳馆等作为体育活动场地是开放等级最高的一个层次，这些设施需要放置在靠近出入口、相对独立的、不影响正常教学使用的位置；其次为图书馆、报告厅、食堂等开放程度相对较高的公共空间，其位置也应靠近道路，从而满足居民与学生双重使用的需求；其他各类专用教室、公共教学用房的开放程度较低，在布局和使用中需考虑到学校管理的问题；普通教室、办公室作为第四个层级一般不对外开放，且普通教室需要距离城市街道、运动场以及体育活动室有一定的距离，在使用中需考虑避免外界的干扰；最后一个层级是学生宿舍，是不对外开放的区域。

在空间布局上，校区向外扩张，分等级开放，也可以将学校周边空间环境资源纳入学校功能布局。用地紧张、超员运作的学校普遍面临着学校空间的限制，由于学校的对外开放，打开了边界，学校的部分功能也就有了外移的可能。目前调研的学校在发展的历程中，也或多或少出现过对外界资源借用的情况。城市旧城区的学校，其周边各类资源丰富，学校对于外界资源的利用是完全可以实现的。表 6.3 对传统学校功能分区下的校园布局、用地紧张学校的校园布局以及开放式学校的校园布局进行了对比。

**表 6.3　传统学校、用地紧张学校、开放式学校校园布局及布局特点**

| 类型 | 布局图示 | 布局特点 |
| --- | --- | --- |
| 传统学校 | 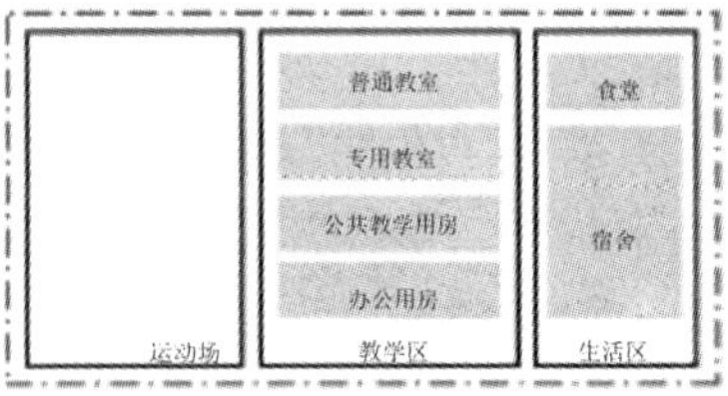 | 教学区、生活区、运动区三大分区，教学区包括普通教室、专用教室、公共服务用房以及办公用房，生活区包括宿舍以及食堂 |
| 用地紧张学校 | 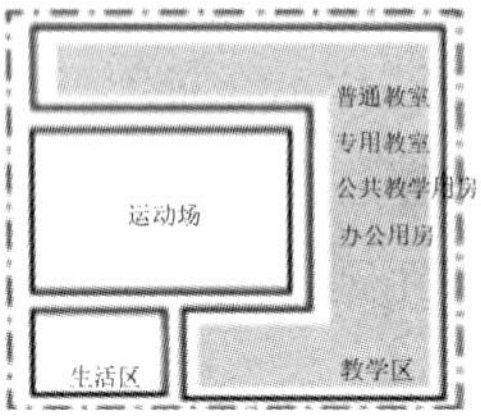 | 生活区宿舍、食堂没有或较小，教学区围绕运动区功能用房叠合布置 |
| 开放式学校 | 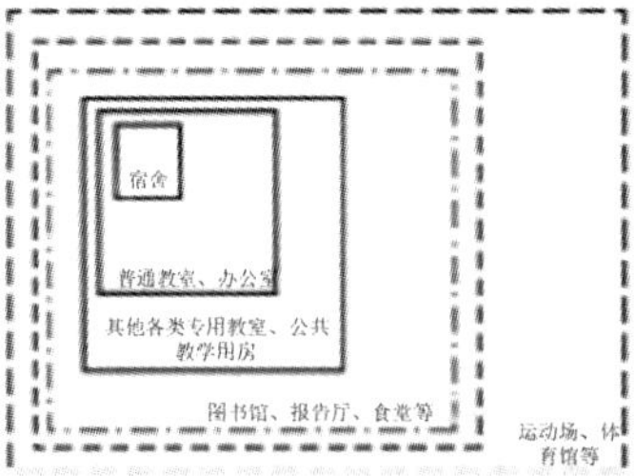 | 学校校舍以开放性等级进行布局，越开放的功能越趋向于校园边界，学校功能不一定全部出现在校园用地内 |

## 6.2.3　组织形式的可调性

在规划中为学校的各个功能区都预留发展的余地，从而可以满足学校各个功能在未来可能出现的扩展。可调性原则可以使学校未来可能出现的改扩建不至于破坏学校原有的规划，使其布局脉络清晰，功能分区合理。目前，城市旧城区的学校所面临的主要问题是校舍建设年代久远，在改扩建过程中难免由于缺乏完整的规划而导致空间的不合理，缺乏有效组织利用。由于用地紧张，学校普遍面临着用地的局限，需要在狭小的空间内满足师生正常教学活动所需要的多种功能空间，学校的建筑空间需要进行有效的组织整合。

（1）针对现有校舍的组织形式调整

调研学校的水平组织形式一般以中内廊式布局和单外廊式布局为主。在学校空间组织的整合优化过程中，可将北向的普通教室改为专用教室或办公室，也可以北向教室与南向教室错位布置，也可以其中一个教室打开作为公共空间。单侧外廊的教学楼可将走廊空间加宽，作为休息、讨论、展示、储藏、活动之用，同时也可改善教学楼的通风、采光条件。

在垂直方向的组织上，可以将一楼用房调整为办公用房，将普通教室布置在 2 ~5 层以减少操场、道路噪音的干扰；北向教室以及面朝道路的教室可以调整为专用教室，专用教室由于其使用频率较低，受到的影响比普通教室少，如此便可以减少北向采光不佳以及道路噪音对学校教学质量的影响；多个班级一起使用的公共教学用房放置在一层便于疏散和对外开放。

一些使用面积不足的用房，如图书阅览室、体育活动室等，在学校的更新改造过程中可以另建或利用校外公共设施，原有空间可利用隔间改造，供其他需要小面积空间的活动使用。图 6.7 为现有校舍的组织形式调整示意。

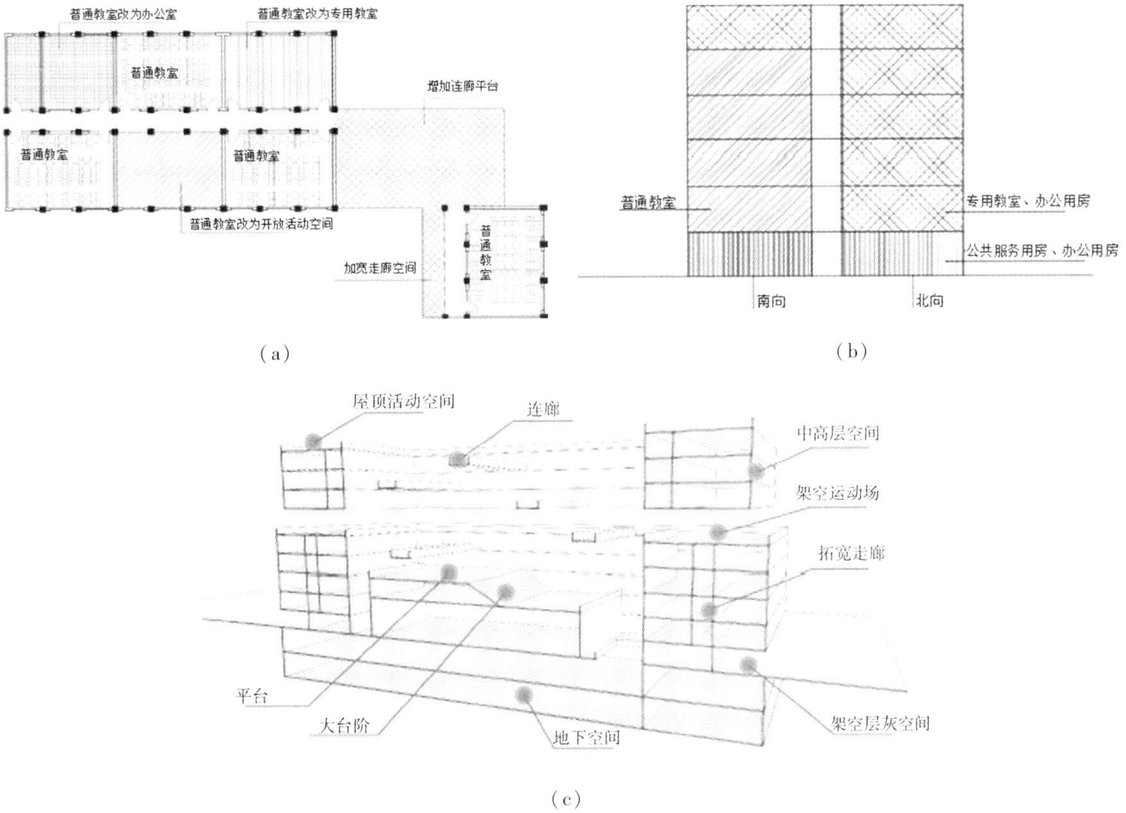


**图 6.7　现有校舍的组织形式调整示意**

（a）水平方向；（b）垂直方向；（c）三维立体

（2）学校组织形式的发展趋势

1）立体化趋势。这主要是指对地下、架空层、屋顶空间以及平台、连廊、拓宽的走廊空间的充分利用。立体化设计充分利用了垂直方向的空间，在教学楼底层布置开敞支柱层的做法，可使视野开阔，校园空间层次丰富；在屋顶空间设置运动场地的做法可以缓解学校体育运动场地缺乏的窘境，当学校的用地难以满足用地标准时，可利用底层架空层作为活动场地，以扩大活动场所的面积。还可利用地下空间作为体育馆、游泳馆的建设场地，在学校五层以上的中高层布置各类功能用房以充分利用空间。学生在教学活动中需要在普通教室和各类专用教室、公共教学用房之间往来，立体化设计通过在建筑物之间设置扩大的走廊、连廊、楼梯、平台等充分利用了水平方向的空间，加强联系也加强了室内外空间的渗透。在满足教室之间的防噪距离以及建筑物的日照间距的要求下，这种做法缩短了学校的交通流线，建筑物也相对紧凑集中，可以为校园留下更多的发展余地，提供更多的运动场地和绿化。立体化设计中的大量连廊、通道为学生创造了便捷的课间交往、公共活动空间，并满足储藏、展示、活动等多样的功能需求。

2）整体化趋势。教学楼建成整体式综合体，可使学校形成明显的中心，增加了学生交往空间，促进学生交流活动。城市旧城区各学校由于用地有限导致扩建受限，传统的分散式布局的校舍建设方式占地较多，并且在扩建的过程中往往只能在老建筑间见缝插针式地改造，容易影响学校原有的规划。而整体化的方式建设用地相对集中，有助于更好地节约学校用地，增加学校可建设面积，也便于为学校的发展留下余地。学校的设施相对集中，使学生在使用过程中更加便捷，也在一定程度上避免了功能的重复。

3）复合化趋势。可以通过将功能、属性相似的空间聚集在一起布置，增强其联系，满足高效、合理的利用与管理；也可以将空间上需求近似的功能叠合在一起，合并使用，使其多功能化，以提高空间的利用率。如可将使用频率较低的报告厅和多功能厅复合在一起，也可将性质相近的生物、化学实验室合并在一起建设为理科综合实验空间，以优化空间利用。

## 6.3 空间统筹计划目标

### 6.3.1 完善校内功能构成

伴随着国家教育的多次改革，学校课程编排逐渐多样化，课程内容可根据学生兴趣爱好自主选择，授课形式也不再以传统的讲授为主要方式，而是倡导学生自主学习、全面发展以培养能力。在此背景下，原有单一教学模式下的校园功能空间已无法满足多样化的教学需求。在一系列的新型功能用房更新规范当中，不仅要求新建校舍满足规范要求，同时对城市原有校舍功能的完善也提出新的要求。

既有学校空间的统筹计划是对原有建筑功能空间的重塑，以此来提升空间环境品质或提高就学容量，同时也是一次功能互补完善的过程。因此，对于校舍空间统筹计划的过程中，设计者首先应明确学校的主要矛盾点，合理的设计方案。针对功能补充性建设的校舍统筹主要从以下 3 个方面考虑。

（1）满足学校开展素质教育

多样化的教学需求使学校承载的功能越来越多，专业教室、多目的教室、语言教室、创客空间等新型功能空间逐渐出现在中小学校园内（见图 6.8）。功能多元化也逐渐丰富校内建筑，图书馆、体育馆等公共设施也进入校园内部，整体规划设计中应合理分区并考虑各建筑之间的联系。校园的公共属性更加强烈，在逐步完善校园功能的过程中，学校也在提倡对外开放，将校内公共资源社会化，以提高空间使用效率，给周边居民带来便利。图 6.9 为学校功能从校内到校外的变化示意。

**图 6.8　调研学校新型功能空间**

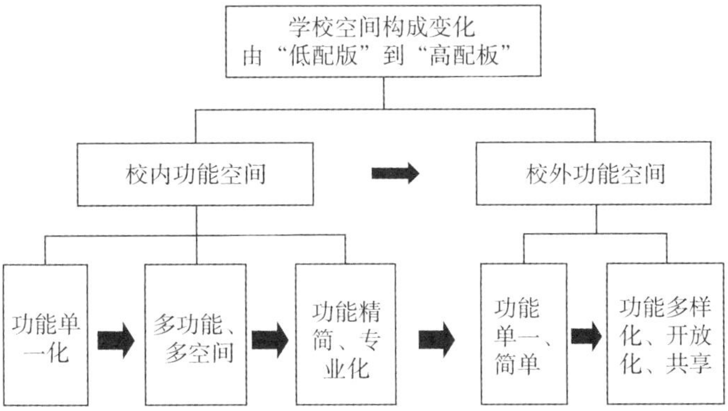


**图 6.9　学校功能从校内到校外的变化示意**

（2）建筑空间需满足新要求

教学内容的丰富和细化需要学校建筑提供与之匹配的空间，这会对建筑的空间格局和空间划分产生一定的影响，如普通实验室包含实验室、准备室、模拟演示室以及储存空间等一系列空间。随着语言教室、计算机教室的发展，设备不断更新，需要单独划出准备室和教室休息室等空间，空间更加人性化。其次，原先的普通教室只需满足一对多的教学模式，随着教育体制改革，教学模式多样化也要求教学空间需要满足课堂形式的多种要求。

（3）信息化的教学模式更新

互联网改变了整个世界的发展方向，其应用范围已经覆盖当代社会中的各个领域，从校园管理到学生课堂无不渗透着信息化技术，计算机辅助教学也已经在城市中小学校园中全面铺开。网络的高效便捷不仅在信息获取上丰富了课堂形式，同时也有助于加强学生对授课内容的深度理解。信息化的新型校园建设也要求传统建筑空间为多媒体设备的布置进行相应的更新改造，以此来满足现代化教学模式下的空间需求。

### 6.3.2 集约化的空间布局

城市快速发展造成城区用地普遍不足，随着城市集约化模式的推进，城市的构成要素也逐渐向集约化发展。学校功能的多样化对于城区规模较小的学校空间统筹计划既是压力也是挑战。完善学校功能需要更多的建设用地满足建设需求，以往学校自由散落的布局方式对于用地紧张的校园显然已经不再适合。因此，布局紧凑集约的学校需要在有限的用地中将更多的功能进行重新整合，功能的高度复合、空间的灵活多用、立体化的开发模式等集约化设计方式对校园功能的统筹计划将发挥至关重要的作用。紧凑集约与高密度之间紧密相关，集约化的校园打破了传统低密度、区域化以及传统单体建筑的概念，随之替代的是综合体、建筑群等。综合体将各种功能进行复合叠加，创造出多样化的空间属性，对原有校园闲置空间叠加其他功能激发空间活力。集约化的校园空间环境设计为学校所需的功能提供尺度适宜、空间多样的场所。改善了原先分散式低密度校园格局下师生交流薄弱、空间利用率低、土地开发粗放等问题。

### 6.3.3 空间环境品质提升

城区学校选址多在城市核心区域，早期的粗放型土地利用模式使得现阶段学校普遍存在用地紧张，生均用地面积低于规范标准等问题。而持续的改扩建使学校基本处于饱和状态，并制约了校园的可持续发展。因此，在生源不断增长的同时，校内所需的教学区、活动区、生活区等空间呈现出严重不足的现状。人流密度大，活动空间不足，导致安全事故频发；校内运动场过小，无 300 m 环形跑道和 100 m 直跑道，导致 50 个班规模以上的球类运动和田径教学难以开展，课间操只能在校内人行道上进行。体育运动设施用地不足，绿化景观庭院更是寥寥无几，直接影响到校内空间环境的品质。学校把改扩建校舍、完善功能配置作为首要任务，往往忽略了对于空间品质的提升，随着校际间开放交流活动的普遍化，越来越多的学校开始聚焦校园空间环境品质的提升，并以此作为学校特色教学的基础。本书通过对调研学校校舍改扩建的分析，借助设计及管理手段对校内空间再设计，对空间使用效率重新进行审视，为学生在校提供更多的活动空间。图 6.10 为校园空间环境构成及布局模式示意。

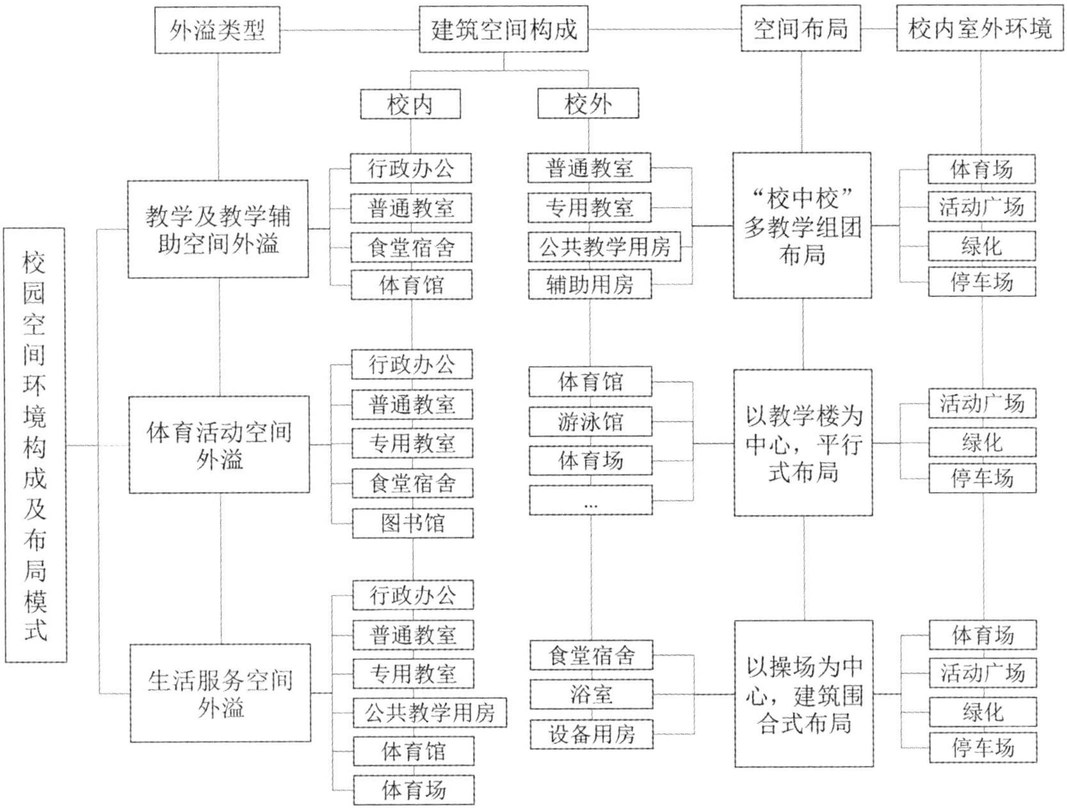


**图 6.10　校园空间环境构成及布局模式示意**

同时，随着校内外空间的统筹利用，学校校园从封闭走向开放，学校在校园选址、整体规划、组合模式、单体设计等方面是否合理，决定了它能否实现向社区开放。由于学校的对外开放以及部分功能空间的外移，校内的空间环境构成也必然会出现变化。在统筹计划过程中，学校也需对既有空间环境构成进行优化，以此来提升空间品质。

## 6.4　空间环境统筹等级

学校空间组织一般会联系到城市空间肌理的延伸、校园空间的形态以及建筑外部造型。但是仅通过设计者的构想建立而没有从学生使用角度出发，即使学校总平面布局构图再完美，也无法发挥校园应有的活力。学校建筑集约化的空间组织应当兼具复合性与综合性，为学生提供尺度适宜、功能丰富的学习与生活空间。校园的功能空间能否拓展不仅要考虑到是否能够满足教学，更重要的是考虑使用者的使用习惯，统筹计划拓展后的功能是否会给使用者造成不便等。

本书针对有统筹拓展的学校进行调研，发现了三大类空间环境的统筹计划，分别是教学及教学辅助空间、体育活动空间、生活用房。如图 6.11 所示，这三大类空间的可拓展程度为：生活用房最适宜拓展，其次为体育活动空间，最后为教学及教学辅助空间，而学校的行政办公空间是不适宜拓展的。虽然在调研的案例中，HY 第一中学由于学校的普通教室不足，在高三区拓展场地增设了普通教室，采用了“校中校”的管理模式。但是空间环境统筹拓展的原则是以使用者为核心，是为了缓解学校的用地压力，拓展的条件是学校周边具备设施资源，这也是符合学校的需求的体现。

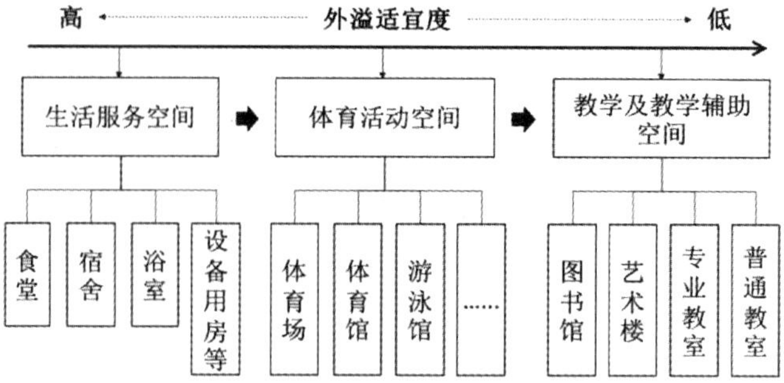


图 6.11　空间环境统筹计划等级序列

## 6.5 本章小结

学校内外空间统筹计划的提出，既有利于提升中小学校的空间品质，又有利于促进基础教育设施的共建共享，还有利于促进学区内公共服务设施的统筹利用。本章依托空间整合理论和建筑计划理论，结合空间统筹计划的功能多样、学社共享和空间多元的三大特征，提出空间统筹计划的三大原则，即功能空间的灵活性、空间布局的开放性和组织形式的可调性，以实现完善校内功能构成、集约化的空间布局和空间环境品质提升三大目标。同时，本章通过实地调研总结得出陕西关中地区大城市学校内外空间统筹的可拓展程度即：生活用房最适宜拓展，其次为体育活动空间，最后为教学及教学辅助空间，而学校的行政办公空间是不适宜拓展的。

第 7 章

# 学校内外空间计划实践探索

## 7.1 建筑空间计划实践

基于建设用地普遍不足、现行建设标准制约空间拓展、校园空间环境不能满足现有就学需求等现状，国内外很多中小学纷纷开始尝试通过将校内主要功能空间叠置、多种功能复合成综合体、建筑层数与高度有所突破等不同途径进行校内空间环境的潜力挖掘。并通过对校内建筑空间从平面到立体，从单一到复合的多维度规划，力求高效集约地利用既有空间环境，节约校园用地，扩大就学容量。

### 7.1.1 功能复合

随着学校的功能不断丰富，其对于空间数量要求也在不断提高，但通过新建建筑来满足空间需求的模式不符合城区学校实际情况。新建必然意味着对原有建筑进行拆除或占据校内其他场地，此方式对于学校的发展并未起到积极作用。功能的细化在空间计划中需要去思考新型校园空间组织形式，布局上尽可能采用紧凑集中的形式。在用地紧张时对学校已有资源进行整合重组，打破固定功能固定建筑的校园规划形式，采用“综合体”的模式对空间进行高度复合，以此来节约校园用地。

(1) 功能复合的模式

校园综合体是校园建筑功能和空间复合的物化形式，包含了多种多样不同的功能和空间。校园综合体在某种程度上借鉴了城市综合体的做法，以多样化的功能和空间，通过高密度环境提供丰富、便利、高效的建筑空间。我国大部分校园的建筑功能都单一地划分为教学、办公、生活、体育等，它们之间大多呈现出分散的布局形式，能做到各个功能之间多样性叠加的校园少之又少，如果在校园建设的过程中实施一定程度的多样化功能复合，比如将图书馆、会议中心、活动中心、餐饮、休闲、交通等空间组织在一个完整的结构内，这样就会形成一座校园中的“综合体”，这个“综合体”在某种意义上是微缩了的“城市”。校园综合体在现有学校空间计划的应用主要表现为两种形式。

1）多种功能复合。这种复合方式的重点是提高学校内闲置空间的使用效率，将多种从属功能复合融入主要使用功能的单体中，建筑属性依然保持主要功能属性，其余从属功能通过主要功能进行激活，这样的复合建筑具备一定的主从关系。图 7.1 为多种功能复合示意。

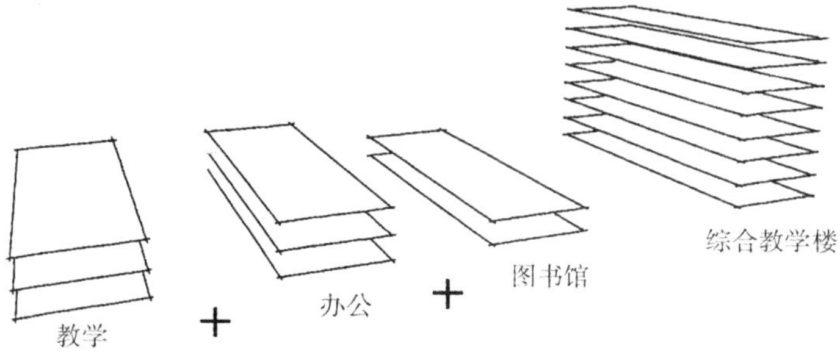


**图 7.1　多种功能复合示意**

2）相近功能复合。相近功能复合是对校内功能空间重新进行分类，根据学生校内日常活动流线将联系紧密的几种功能组织到同一建筑中，这样不仅方便学生使用，同时也节约用地。传统校舍建筑多采用独立布置，这种模式不利于学生日常使用。相近功能复合出的建筑属于真正意义上的“综合体”，内部功能之间无主从关系，整栋建筑的复合原理依据校园总体功能分区。图 7.2 为相近功能复合示意。

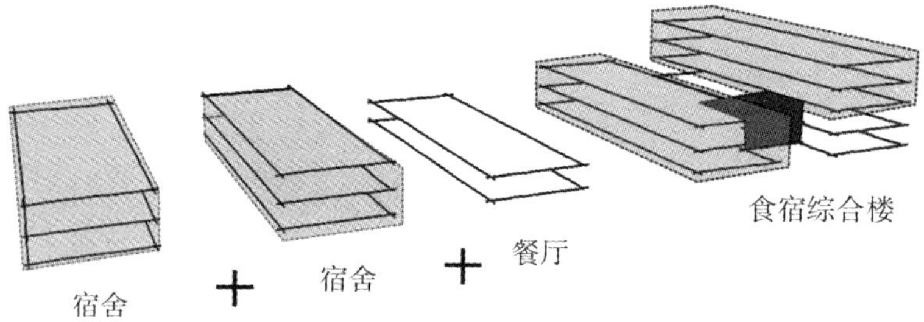


**图 7.2　相近功能复合示意**

结合调研学校可知，校内建筑功能复合已成为用地制约下，学校在完善校内功能时采用较多的空间计划模式。如 GX 一中的图书大楼、FH 中学的综合楼，都是将教学、行政办公、图书馆进行复合；CL 中学的宿舍楼，是将新旧宿舍楼与餐厅进行复合。除此之外，学校也会根据结构形式与空间形式将两种或两种以上功能差异较大的空间进行复合。如 GX 一中的餐厅与体育馆、HY 第一中学餐厅与大礼堂都是根据空间形式及结构形式相近，将大空间进行立体化复合，以此来扩展校内空间。

（2）复合功能的类型划分

根据校园功能的不同属性，将相近功能空间整合到同一栋建筑或多栋建筑中，通过增设连廊使其联系更加紧密。如教学楼与实验楼、餐厅与宿舍等，以此减少学生在使用中的路途奔波。但也有学校将功能迥异的两种或两种以上的空间整合在一起，这种形式多是学校用地十分紧张，为满足功能空间的完整性以节约用地。本书结合调研学校的实际情况，将功能复合的类型划分为教学区域的复合、生活区域的复合、其他多义复合3种模式（见表7.1）。

**表7.1　调研学校功能复合情况**

| 复合类型 | 建筑原属性 | 功能组成 | 调研学校 |
| --- | --- | --- | --- |
| 教学区域复合 | 教学楼 | 普通教室、实验室、专业教室 | GX一中 |
| | 教学楼 | 普通教室、实验室 | FH中学 |
| 生活区域复合 | 宿舍楼 | 宿舍、餐厅 | CL中学 |
| 其他多义复合 | 图书馆 | 图书阅览、社团活动室、化学实验室 | HY第一中学 |
| | 实验楼 | 行政办公、物理、生物实验室 | HY第一中学 |
| | 餐厅 | 餐厅、礼堂 | HY第一中学 |
| | 餐厅 | 餐厅、体育馆 | GX一中 |
| | 图书馆 | 图书阅览、礼堂、行政办公 | GX一中 |
| | 行政办公楼 | 行政办公、普通教室、专业教室、图书阅览、报告厅 | FH中学 |
| | 实验楼 | 实验室、行政办公、社团活动室 | CL中学 |
| | 宿舍楼 | 宿舍、行政办公 | CL中学 |

教学区域复合与生活区域复合多是根据功能空间使用的便利性，将互补的两种或两种以上的单元相互复合，从而提高各功能之间的联系并实现协同工作，提高日常使用效率，增强整个校园规划布局中功能分区的合理性。现代化教学模式要求学校的功能空间更加多元化，但考虑到实际使用情况，多数空间的配置利用率并不高。如何提高闲置空间的综合使用效率，并以此来节约用地是学校建设的本质问题。多义复合大多是将多种差异较大的功能空间整合到同一建筑内，将原本固定的功能属性模糊化形成“综合”的概念，并借其他复合功能的使用率来激活整栋建筑。与此同时，多义复合也会考虑将结构类型相近的两种不同功能空间进行叠加，如餐厅与体育馆、礼堂的复合均是考虑结构因素所形成的。

### 7.1.2　功能置换

随着就学人数的增加引发了各类功能空间的需求量迅速增加，校园主要功能空间的面积与数量不能因为人数的递增而加倍，反而应该寻求在最大化的满足使用前提下实现空间活用和功能置换。功能置换是校园功能空间达到一定的数量，并且部分空间处于闲置状态时的一种学校空间计划方式，这种模式建设成本较低，只需对校内空间进行重新分配即可。采用这种模式的学校一般建筑单一空间形式适应性较强，功能置换将其中两种空间需求接近的功能进行调换以达到均好。随着建筑新、旧功能的置换，内部空间形式也必须服从新功能需求而重新调整。因此，功能置换在学校空间计划中呈现两种形式，一种是整栋建筑之间的置换即两栋建筑功能属性进行调换；另一种是建筑内部空间之间的微调，如将教学楼中的普通教室置换成为办公室等。图 7.3 为整体式功能置换示意。

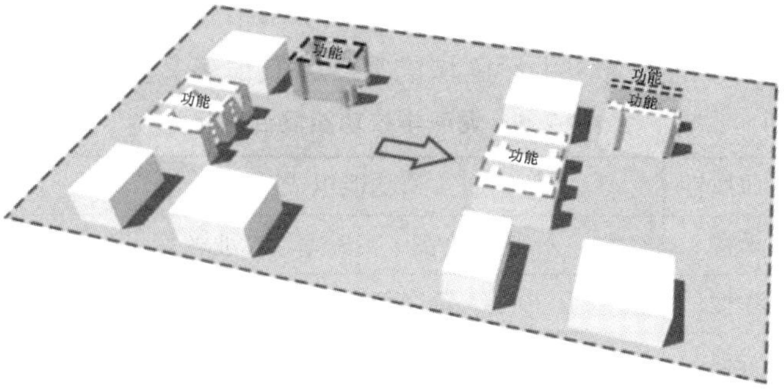


图 7.3　整体式功能置换示意

功能置换是多数学校在更新改造中最先考虑的一种策略，它需要学校投入的资金较少，对建筑空间功能进行内部整合即可，对于城区用地紧张的学校空间计划匹配程度也比较高。学校在发展中遗留下的老旧教学楼或办公楼，在拆除重建后为保证教学空间的优质属性将整栋教学楼功能置换进新建建筑中，原有教学建筑承载办公功能，以此来使学校使用主体享受最优教学资源。学校在用地紧张的情况下很难满足规范要求的建筑间距，因此，学校通过将校内满足规范要求的建筑置换为教学用房，将影响较小的功能属性布置到紧邻运动场的建筑内来优化教学环境。

整体式置换是将学校已有的建筑的功能进行重新洗牌，通过调整建筑功能属性来满足学校使用要求，实现空间环境品质优化。除此之外，对于建筑内部单一空间之间的功能置换则是局部微调。在单体建筑设计时根据任务书要求的功能数量进行布置，但实际投入使用时学生人数远超出标准，致使教学办公用房数量不足，因此学校将普通教室通过简单改造成为教师办公室来满足要求，诸如此类的案例不胜枚举。

根据实地调研（见表 7.2）发现，校舍空间的新旧功能置换在校内外空间计划中也有出现。学校进行分期建设时，可将一些功能暂时性置换来满足日常教学需求。GX 一中艺体楼原为完全中学时期的实验楼，后高中迁出学校在完善功能时，将实验楼功能置换为艺体楼，内部空间通过拆减墙体来适应新的功能。CL 中学教学楼与 HY 第一中学教学楼分别将部分普通教室功能置换为专业教室，此种置换由于空间契合程度较高，只需更换教室名称即可。大多数学校更愿意进行此种简单的置换。

表 7.2　调研学校功能置换情况

| 置换类型 | 原有功能 | 置换后功能 | 所属学校 |
|---|---|---|---|
| 整体式置换 | 体育馆 | 教职工餐厅 | HY 第一中学 |
| | 实验楼 | 艺体楼 | GX 一中 |
| | 电教实验楼 | 教学楼 | CL 中学 |

续表

| 置换类型 | 原有功能 | 置换后功能 | 所属学校 |
|---|---|---|---|
| 单一空间置换 | 普通教室 | 专业教室 | HY 第一中学 |
| | 普通教室 | 教师办公室 | GX 一中 |
| | 普通教室 | 物理/化学实验室 | FH 中学 |
| | 普通教室 | 专业教室 | CL 中学 |

## 7.1.3　空间叠置

学校空间除了在单体建筑中高度复合外，空间与空间之间还存在叠置的关系。当属性与使用要求近似的两类空间并置，其中一类处于闲置状态或使用效率不高时，为了提高资源的利用率，往往对其赋予另一种功能属性，使校舍中同一空间承载两种甚至两种以上的功能。空间叠置是基于学校空间使用效率之下的一种集约化设计策略，这些方法在提高空间利用率的同时有效地节省了土地，为其他必要建筑的新建留有余量。

传统的学校空间包括教学楼、办公楼、实验楼、食堂、宿舍等，但随着新型教学模式的展开，教室的特征呈现出向大学校园发展的趋势。学生实行走班制，即按照课表上的安排去相应教室上课，类似国外的“科目教室”，图书馆“化整为零”被分散在各个教室或公共空间的“图书角”。新型校园的建筑空间更加灵活、不固定化，不同空间也可以在课余时间互相转换功能，实现新的使用意义。并且空间之间可互相交换，也可寻找类似空间进行替换。长此以往，对于原本利用率不高的空间将进行重新激活，使学校各建筑均有其具体存在的意义。图 7.4 为调研学校空间叠置现状照片。

（a）

（b）

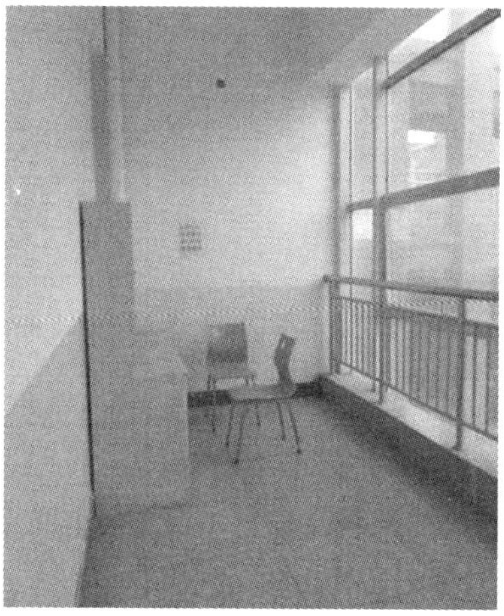

（c）

**图 7.4　调研学校空间叠置现状照片**

（a）TYL 小学教学楼走廊兼做图书角；（b）FH 中学教学楼与综合楼连廊兼做校史展览馆；（c）DE 中学教学楼楼梯间休息平台兼做休闲阅览空间

调研学校公共空间的属性不明确使其能承载更多的校园功能。如走廊日常作为交通空间使用，同时也可以对走廊附加其他如阅览空间等功能，如此既能保证走廊的正常通行也丰富了空间形式。此外，在专业教室临近的公共空间叠置学生作品展览或教学辅助资料展览等功能使学生在课余时间能够欣赏作品、交流学习，上课时间教师能够组织学生第二课堂，一方面可以使教学模式更加多样，另一方面，有效地缓解了专业教室的压力。很多学校的校史馆长期处于关闭状态，空间利用率很低。FH 中学并未单独设计校史馆，而是将校史展览空间设计在综合楼与教学楼的连廊处与交通空间叠置，不仅有效地解决了空间紧张的问题，而且使师生随时都能进行参观。交通空间是空间叠置中最为常见的一种类型，常被用于交流、展览等。

空间叠置不仅需要根据空间的使用效率，还需加入时间作为“叠置”功能的考量因素。如何根据课程编排打破时间冲突，将同一空间分时段使用是管理者需要思考的。通过调研学校课程编排，计算出专业教室每周的使用频率（见表 7.3 和图 7.5），可以看出，除 FH 中学专业教室使用频率超过 50% 外，其他学校专业教室的使用频率均低于 50%。因此，在对空间的高效使用上，GX 一中分时段将音乐教室、美术教室等专业教室，赋予相近的社团活动功能。社团活动开展时间为周三、周五放学后，专业教室已闲置，多种功能的叠置使原本利用率较低的空间重新得到高效使用。

**表 7.3　调研学校专业教室使用频率汇总（周）**

| 学校 | 音乐教室 | 美术教室 | 地理教室 | 计算机教室 | 劳技教室 |
|---|---|---|---|---|---|
| HY 第一中学 | 42% | 42% | — | 28% | — |
| GX 一中 | 24% | 32% | 390% | 28% | 32% |
| FH 中学 | 74% | 74% | — | 79% | — |
| CL 中学 | 50% | — | 300% | 50% | — |

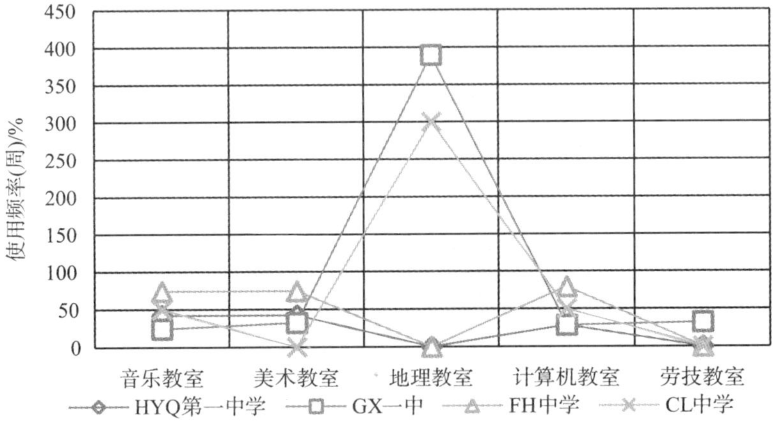


**图 7.5　调研学校专业教室使用频率（周）**

## 7.1.4　空间立体化

无论是单体设计中的功能复合还是单一功能空间的整合叠加，多是从平面布局的角度来寻找一些可行的方法，以实现用地制约下的学校建筑的土地节约。平面形式下的集约化带来的是高密度的学校空间环境，除此之外在新建单体建筑中也可以将功能进行立体化组织以打破原有二维平面布局，在校园中利用地下或地面上可用空间赋予建筑更多功能。三维乃至四维空间的组织形式在设计中也有成熟的案例，图 7.6 为空间立体化利用示意。

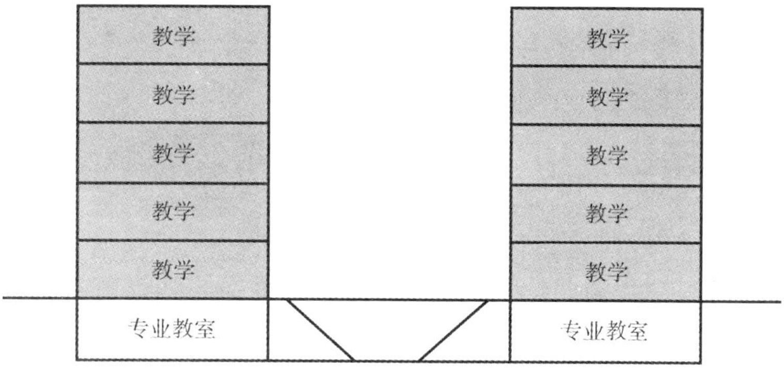


图 7.6 空间立体化利用示意

空间立体化设计在学校建筑设计中备受关注，地下空间的设计也是学校建筑立体化设计的重点。随着学校地上建筑密度持续增长，学校空间发展的视角开始转向地下，不断探寻地下空间承载学校公共属性的可能性。学校建筑地下空间的承载力以及空间物理属性，都可以采用先进的建造技术进行合理的改善，因此，对于地下空间的开发利用在学校空间集约化设计中是不容忽视的。在城市学校的建设中，虽然校方也有意识突破传统校舍空间布局形式，但多数学校依然受到传统思维以及规范要求的制约，对于地下空间功能布置较为保守。

(1) 地下专业教室及社团活动室

通过实地调研发现（见表 7.4），学校在用地紧张时，对地下空间都有不同程度的开发利用。GX 一中主要教学楼为地上五层地下一层，地下一层集中设置专业教室及部分社团活动室。一般教学楼多以自然采光为主，人工采光为辅，而 GX 一中的地下中庭及室外活动空间的设计使建筑负一层拥有充足的自然采光。FH 中学新建综合楼负一层设计为 3 个大活动室，主要作为舞蹈室、乒乓球室及健身房供学校师生使用。对于采光无特殊要求的空间，利用高窗采光，能够满足正常使用。专业教室及社团活动室自身的使用也会对外界造成一定的影响。只要合理解决好采光及通风问题，通过对地下空间的充分利用，不仅可以明确区分空间组织上的功能差异性，同时也提高了学校土地开发的利用率。图 7.7 为调研学校地下空间利用现状。

表 7.4 调研学校地下空间功能布置情况汇总

| 所属学校 | 建筑名称 | 地下空间层数 | 功能布置 | 面积汇总/$m^2$ |
|---|---|---|---|---|
| GX 一中 | 实验楼 | 1 | 专业教室/社团活动室 | 1 784 |
| | 教学楼 | 1 | 专业教室/社团活动室 | 1 784 |
| FH 中学 | 综合楼 | 1 | 社团活动室 | 655 |
| HY 第一中学 | 餐厅 | 1 | 总务仓库 | 1 375 |

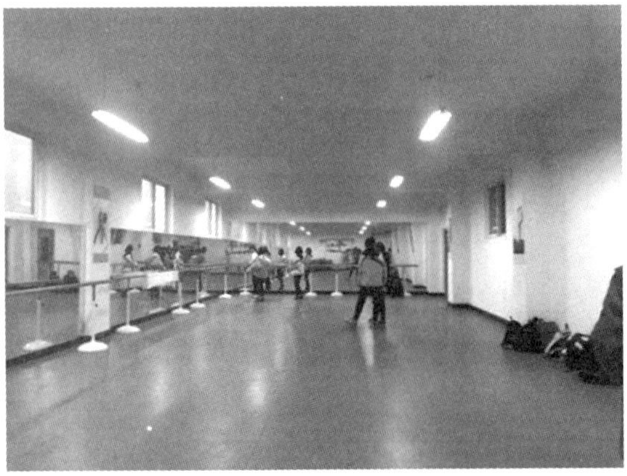

(a)

(b)

**图 7.7 调研学校地下空间利用现状**

(a) FH 中学综合楼地下社团活动室；(b) GX 一中教学楼群及实验楼负一层专业教室

(2) 地下车库

随着社会经济日益发展，私有车辆的持续增加，越来越多的教师及教辅人员将私家车作为代步工具，因此校内停车问题亟待解决。城区学校地上空间已十分紧张，若将地上空间改造为室外停车场，无疑会牺牲学生的公共活动空间。由此看来，开发并积极利用地下空间作为停车场是十分必要的。

通过调研发现，GX 一中、CL 中学及 HY 第一中学在新建建筑中均设计有地下停车场。GX 一中设计初衷是通过对校内地下空间进行大面积开挖，使地下车库兼做家长接送等候区，以此缓解学生上下学时校门口的拥堵现象；但在后期使用中校方为方便管理，将其仅作为车库使用。CL 中学地下车库虽解决大部分教师的停车问题，但仍然有极少数车辆停放在地上，占据运动场四周学生的活动场地。HY 第一中学餐厅设计有地下车库，入口位于餐厅一侧；学校生活区距离主入口较远，停车需穿行整个教学区，教职工车辆仍占据校内公共活动空间，且校内人车混行对于学生存在安全隐患。图 7.8 所示为调研学校地下车库使用现状。

(a)

(b)

**图 7.8 调研学校地下车库使用现状**

(a) CL 中学地面停车场；(b) HY 第一中学废弃的地下停车场

### 7.1.5 建筑加建、改建

学校空间计划一般采用分步骤、分阶段进行，制订中远期计划，避免影响日常教学工作，建设周期多为寒暑假。学校应当从完善局部空间功能入手，通过改、扩、拆、新建等手段以满足当下使用为首要原则，充分挖掘空间计划潜质，使校舍建筑群体之间产生更多的交流与互补，将局部空间进行调整，逐步完善校舍空间的功能，从而达到校园整体环境的和谐统一。现有建筑的加改建成为用地紧张学校完善其急需功能的首选策略。

(1) 平行加建

学校在规划时首先需要结合校内闲置用地情况，对新建或加改建有所考量。一般情况下，城区学校内用地已无法承载新建建筑；对于仍有闲置用地且用地规模不能满足新建建筑与原有建筑间距规范要求时，学校一般会通过对原有建筑进行平行加建来拓展建筑空间。平行加建在建筑空间布局上应严格对其流线进行把控，避免整栋建筑在使用过程中形成流线混乱。图7.9为平行加建示意。

**图7.9 平行加建示意**

平行加建在功能布置上多是对原有建筑功能的延续，加建部分在空间及立面造型、结构体系上保证与原有建筑协调统一。同时，在平行加建设计时也应考虑建筑的可生长性和对未来空间计划的可能性。

如FH中学，在用地紧张的情况下，通过对教学楼两侧进行平行加建来完善功能配置。在教学楼西侧加建实验楼共3层，东侧加建综合楼共5层，使整个校园东西向用地满铺，土地利用率达到最大。其建筑内部空间采用原有教学楼内廊进行延续，单一流线贯穿整栋建筑始末；实验楼与教学楼之间紧密联系方便学生使用。在校园整体布局上，校舍建筑改建成为集中式一体化布局，建筑单体的概念变得模糊，呈现为功能高度复合的校园“综合体”。图7.10为FH中学加建平面示意。

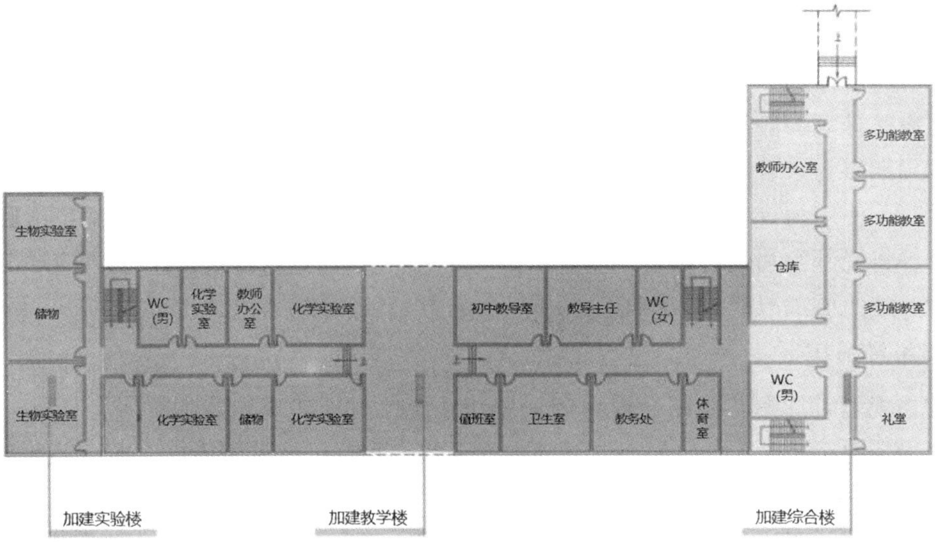


**图 7.10　FH 中学加建平面示意**

CL 中学新建宿舍楼与原有宿舍楼间距无法满足建筑间距要求。两栋建筑也采用平行加建的方式，在有限的用地中提高校舍建筑面积，并完善校内功能。整栋建筑加建成“L”型，完全依地形而建。内部流线重新组织，使两栋不同时期的建筑合并成完整的一栋建筑。图 7.11 为 CL 中学加建平面示意。

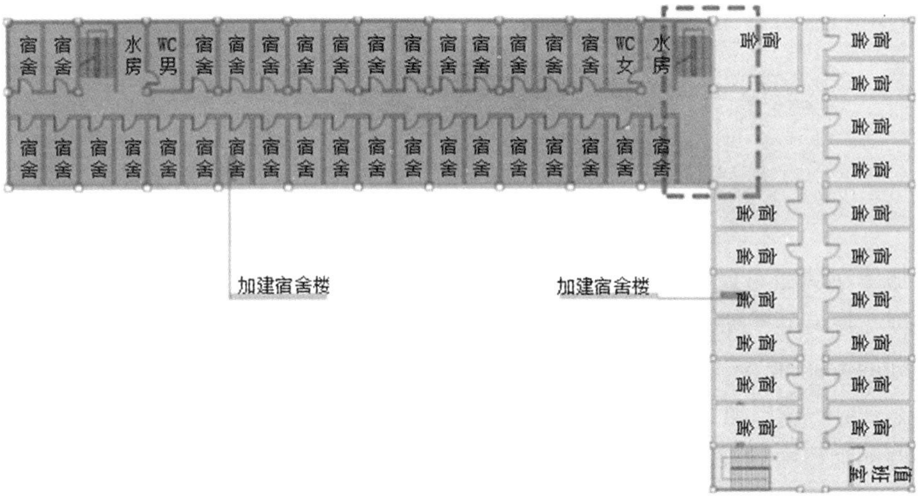


**图 7.11　CL 中学加建平面示意**

结合调研学校中建筑的加建模式，将平行加建分为“单向加建”和“双向加建”两种情况，其中又可细分为以下几种加建形式（见图 7.12）。在校园建筑空间计划中，需结合原有建筑周边预留空地情况，分析结构体系及内部流线选择契合程度最高的方式对建筑进行加建。

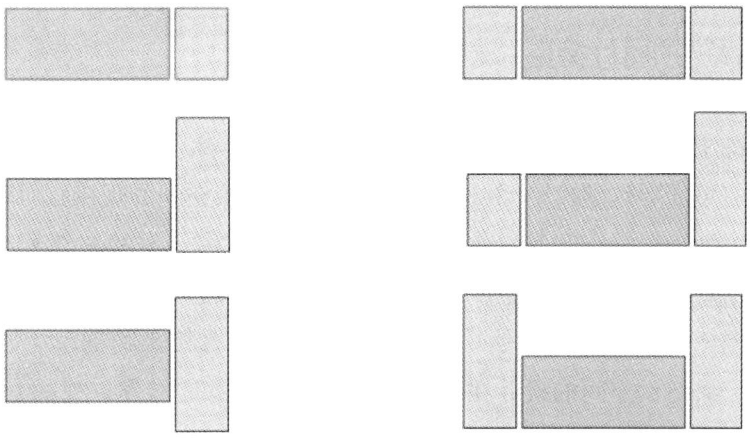

（a）　　　（b）

**图7.12　平行加建模式汇总**

（a）单向加建；（b）双向加建

（2）立体加建

陕西关中地区大城市校舍建筑多为20世纪80、90年代建造，建筑层数普遍较低。在校园既有建设用地饱和时，学校会对校内层数较低，结构稳固的单体建筑进行立体加建，即对其层数进行增加。规范中只对主要教学空间的层数有所限定，对校内其他功能用房并无特殊要求。因此，除教学楼外的其他功能用房在满足使用条件下都允许布置在五层以上。立体加建在空间布局上与功能复合的要求基本一致，在满足上下垂直交通连贯性的同时，还需对加建部分功能与原有功能的统一性与互助性进行考虑。图7.13为立体加建示意。

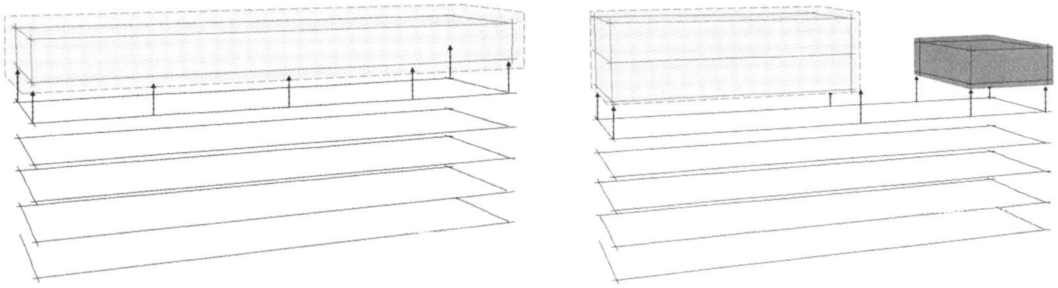

（a）　　　（b）

**图7.13　立体加建示意**

（a）单一功能整体加建；（b）多种功能局部加建

通过实地调研发现，XATYL小学教学楼原为4层，建筑层数已达规范要求的最高层数；学校用地也已处于饱和状态，但学校还需增设部分专业教室。因此，该校在对教学楼加改建中，采用钢结构形式加建一层功能用房，主要用作专业教室使用。建筑空间布局延续原有布局形式，垂直交通保持不变。在第五层的外廊设计中，对栏杆有所加高，以此来保证学生安全；这样既不改变原有空间布局，又有效改善了校园功能缺失的状况。

## 7.2 公共活动空间计划实践

用地制约下的中学校园布局集约紧凑，能一定程度缓解有限的建设用地对城市中小学发展的限制，但也有可能导致学校空间层次结构的压缩和学校空间的规模相对不足，以至于提供给学生的活动场地、交往空间和绿化空间不足。调研学校中，80%的学校生均用地面积都未达标。学生的活动场地受到不同程度的挤压。在前面章节的案例分析中也有提到，多数学校占用学生活动空间来完善校内其他功能空间。空间受限直接影响到学生在校活动的多样性，因此对校内公共活动空间的设计在校内外空间计划中也是不容忽视的。图7.14为TYL小学加建教学楼后有限的公共活动空间。

图7.14　TYL小学加建教学楼后有限的公共活动空间

### 7.2.1 屋顶平台的利用

屋顶是建筑的第五立面，采光最大化是平屋面的优势所在，同时也为设计者提供了更多的创作空间，可以探索屋顶空间更多的实用性功能。目前，建筑设计中对于屋面形式多采用上人屋面，主要是为了方便维修设备。中小学校单体建筑以多层为主，高度适宜，如能通过安全合理的措施利用屋顶空间为学生创造适宜的公共活动场所，不仅有效地提高了学校空间的利用率，同时也可以打破传统固化的校内活动空间模式。日常活动不再以走廊、教室为主要活动区，学生可以积极探索各种空间的可达性，创造一种促进学生交流、丰富课间活动的空间形式。

FH中学与GX一中建筑屋顶均采用上人屋面设计（见图7.15），设计初衷是为学生提供丰富的室外活动空间，但学校在后期并未将其投入使用，以致屋顶空间闲置。一般学校在规划布局上，将教学空间与运动场分隔较远，学生课间活动可达性较差。低层教学班学生可使用楼前场地活动，而高层学生使用楼前场地活动不太方便。因此，可利用屋顶平台作为活动场地，设计中应当充分考虑到学生日常使用中所存在的安全隐患，并尽可能降低风险，以更好地解决处于高层教学班学生的课间活动问题。

（a）

（b）

**图7.15 调研学校屋顶平台使用现状**

（a）FH中学屋顶平台；（b）GX一中屋顶平台

如图7.16所示，JD附中入口处加建办公楼与教学楼相连，使三栋教学楼的联系更为紧密，同时高层班级学生课间不再局限于教室或走廊，可在屋顶平台活动。

**图7.16 JD附中屋顶活动平台使用现状**

## 7.2.2 活动平台立体化

前文空间立体化设计一节中提出在用地紧张下的学校空间计划中可采用纵向多层次的设计策略。针对校内活动场地紧缺，在楼宇间增设不同标高的室外场地空间形成层叠式的递增，不仅为学生提供丰富的活动场地，同时增加了建筑之间的联系。立体化平台设计不仅使场地的各项功能得以高效实现，还拓展了场地空间，提高了土地使用效率。图7.17为立体化活动平台示意。

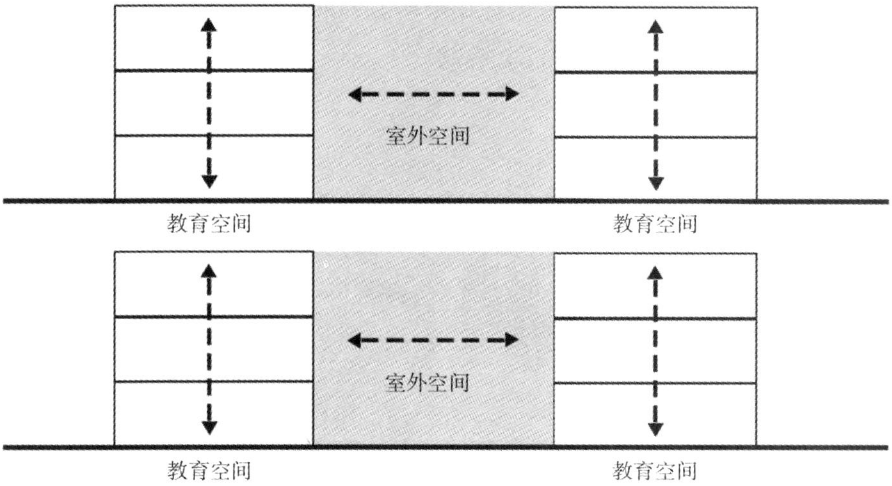


**图 7.17　立体化活动平台示意**

GX 一中教学建筑群在设计中将整个负一层外部空间打开，形成地下院落，不仅合理解决了负一层空间的采光和通风问题，同时还打造了开放舒适的景观体系，创造了多维度、多层次的交流场所。GX 一中在外部空间的设计上，采用了竖向立体叠加的形式，不仅打破了校舍建筑室内外的空间阻隔，更是极大地节约了校园用地，从而改善了外部空间的整体环境。除此之外，多层级的立体化空间设计，也为学生在校内活动提供了更多可能性。图 7.18 为 GX 一中立体化活动平台。

**图 7.18　GX 一中立体化活动平台**

## 7.2.3　交通空间的多义

传统中小学校往往采用“单一功能单向使用”的空间功能策略，禁锢了空间使用的灵活性。而用地制约下的学校通过不同功能在同一空间、不同时间内的重叠使用，提升了其内部空间的使用效率，从而节约了用地。

交通空间是所有建筑中不可或缺的部分，但在空间利用上设计者一直在探索如何赋予其更多属性，让其不仅具有“通道性”，同时也与建筑主要功能产生互动。借用城市发展中的“TOD”模式，在学校建筑设计中对于交通空间的设计也需重新思考，即交通空间具有与主要功能空间联系紧密的优势，使其承载更多辅助教学功能的空间属性将是对交通空间潜力挖掘的主要方向。如图7.19所示，在BJDXFS中学室外交通空间设计中，打破了原有平整主楼前广场，将其设计为大台阶结合不同高度踏步，变消极空间为积极空间，为整个校园营造了高品质的交流场所。

HY第一中学教学楼平面布局方式受空间布局所限，交通空间采用单外廊串联的布局模式。由于单廊模式存在空间单一的局限性，因此在各层平面的同一位置分别设计一个开放空间，直接与走廊相连，使原先单一走廊在功能上更加多样，如图7.20所示。这些小空间能容纳3~5人，学生课间也多在此活动，从视觉上具有拓宽走廊的效果，同时也兼备实用性。

图7.19　BJDXFS中学室外交通空间

图7.20　HY第一中学交通空间

## 7.3　运动场馆计划实践

中小学课改对体育课程提出了新要求，校园体育运动设施也因此需要不断完善和提升，从早期的单一运动场已发展为现在的校内体育馆、球类运动场、田径场地、室内游泳馆等。规范中对于运动场地的设置要求并未有明确说明，因此，针对这部分用地的利用率将是在学校空间计划中需要去着重探究的。对于学校建设用地，可以分为随学生人数成比例递减的用地以及与学生人数无比例关系的用地两部分。其中，第一部分即随学生人数成比例递减的用地，包括建筑用地、绿化用地及部分体育用地（篮球、排球、体育游戏等场地）；第二部分即与学生人数不成比例的用地，包括环形跑道等。如对有18个班和36个班的初级中学的运动场进行设计，由于人数相差一倍，36个班的初级中学的建筑空间及其他功能空间均需要增加；根据体育教学需要，两类学校最低都可配置一个200 m的环形跑道，占地面积为8.7亩。交通空间模式如图7.21所示。

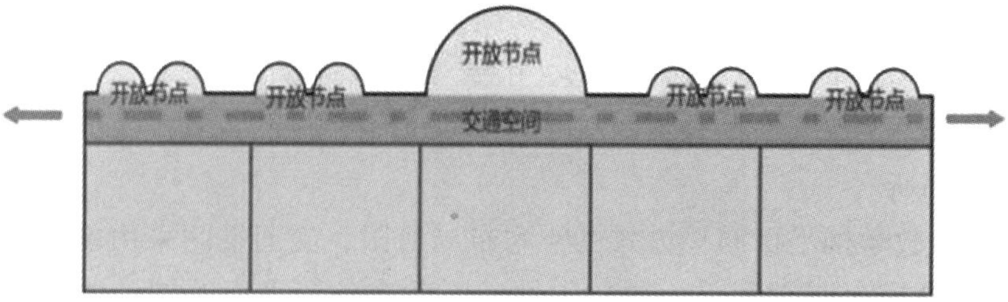


图 7.21　交通空间模式

## 7.3.1　校内常规型

运动场为校园功能配置的主要功能之一，即使用地紧张，学校依然会优先考虑将运动场置于校区内，既方便学生使用又方便管理。在运动场选择上优先考虑 400 m 标准运动场，其次为 200 m 标准运动场，但在其设计上时常因受到场地形状限制而不得不设计为非标准型。如图 7.22 所示，XATYL 中学预留运动场用地接近方形，运动场很难按照标准来设计，为此校方设计出 200 m 非标准运动场，其直线跑道较短，弯道部分弧度较小，整个运动场长轴与短轴接近。

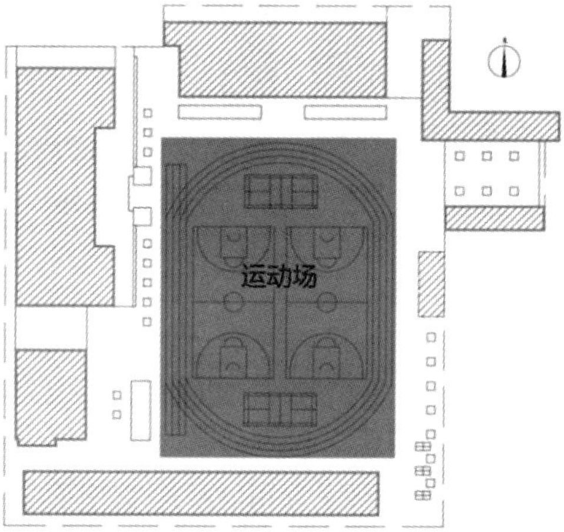


图 7.22　TYL 中学运动场平面示意

很多学校在校内新建运动场后，其他如篮球场、羽毛球场、排球场等活动场地无处布置。学校于是牺牲运动场内部原有的足球场，将其替换为其他小型场地来满足学生体育活动的需求。如 CL 中学新建 400 m 标准体育场，但其内部并未设置足球场，而是换作篮球场、羽毛球场。虽然有效地提高了校内运动场的使用频率，但这样通过牺牲其他功能来进行场地置换的方式并不可取。

## 7.3.2　校内屋顶型

当校园用地紧张、体育活动场地不足时，设计校舍单体时可利用校舍屋顶作为体育活动场地，从而增加体育运动场所的数量及面积。这种方式最大的优点是围合式的建筑内庭院创造了极强的安全感和亲切感；同时，学生体育运动时更接近天空，有一种独特体验。但在设计中也需要考虑疏散问题及噪声的控制问题，如加宽直通屋顶的应急疏散楼梯和平台；在跑道下方加设减震器等。随着建造技术的进步，建筑屋顶承载运动场的技术已经相当成熟，国内类似的案例也不胜枚举。如 CZ 市第二十四中学、XAJTDXFS 中学、XBGYDXFS 中学、BJ 市第八中学等学校已经新建屋顶运动场并投入使用。

ZJTT 第二小学校舍设计采用整体式的方式有效解决了因受用地限制带来的场地问题。如图 7.23 所示，由于学校用地无法满足 200 m 标准运动场的配置，但是运动场又是校园建设中不可或缺的功能部分，因此在面对老城区用地不足的情况下，该校将运动场置于屋顶，而运动场内部掏空形成内庭院。椭圆形的建筑造型让整栋建筑从形式到空间丰富多样，同时也在有限的用地中给学校增加了不小的公共活动场地。

**图 7.23　ZJTT 第二小学运动场**

XAJDFS 中学位于二环内核心地段，校区占地 30 亩。该校建校初期为完全中学，后因学校规模无法容纳现有学生遂将高中部迁出异址新建。其本部现为交大附中初中部，规模为 64 班，在校学生人数 3 300 人。自学校建校以来校舍规模不断扩大，加之受到周边房地产开发的挤压，学校已无任何可拓展用地。2006 年该校对原有运动场进行改建，新建 3 层综合体育馆，如图 7.24 所示。1、2 层为风雨操场，包括室内篮球场、室内体育活动场等。屋顶布置 200 m 运动场跑道，内设足球场，使之成为校内体育综合体。立体化的空间布局在有限的用地规模下丰富了校内活动空间，为学生的课余活动提供了更多场地。

**图 7.24　XAJDFS 中学立体运动场**

校园运动场在学校规划布局中占据整个建设用地近40%的面积，因此将运动场置于建筑屋顶时校内空间规划布局将会有很大变化。针对国内实际案例中屋顶运动场校园规划情况，可将其划分为置于教学楼屋顶、体育馆屋顶、生活区屋顶3种形式，如图7.25所示。

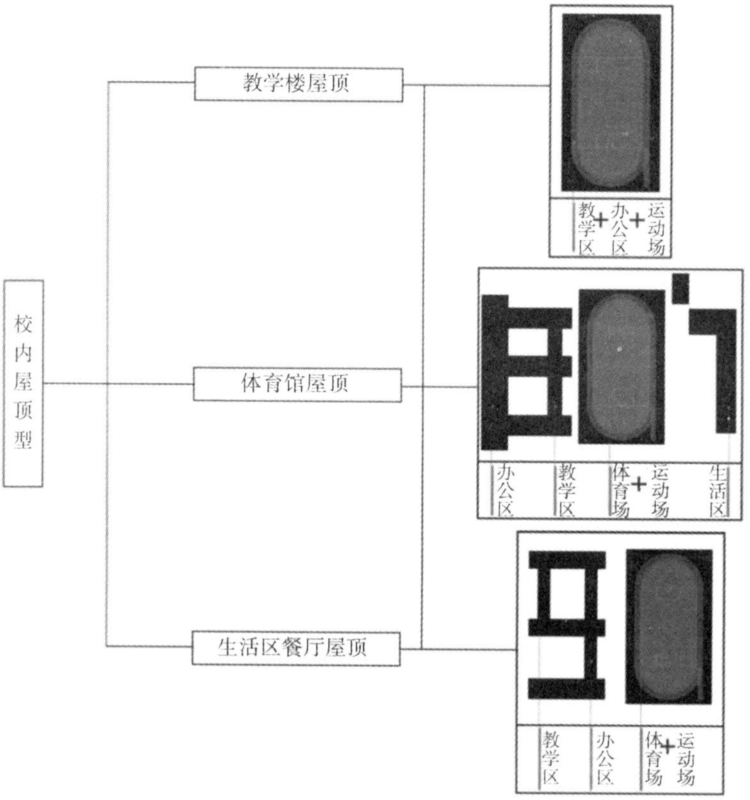


**图7.25　运动场置于屋顶的校园布局形式**

## 7.3.3　校内室内型

当因校舍高度不统一、围合式布局受限等原因，屋顶不宜放置环形体育场时，为节约校园用地，也可将体育场置于首层或地下，将建筑设计成综合体模式。将教学、办公、实验等空间和体育场叠合设计，功能集约化的同时也使学生在体育活动时可以不受天气阴晴影响。但规划时要注意防火疏散和隔音减噪等问题，确保不影响正常教学活动。

室内运动场是中小学校发展到一定规模，在土地资源饱和状态下被迫出现的一种形式。学校在空间计划中优先满足其他功能的完整性，使新建建筑占据运动场用地，导致运动场只能与建筑叠置，如图7.26所示。《中小学校设计规范》（GB 50099—2011）中明确规定运动场与教学楼间距不应小于25 m，将运动场置于教学楼架空层（见图7.27）是对校内空间计划潜力挖掘的一种方式，但是否满足规范要求还有待考究。学校空间高密度的建筑使得学生的室外活动场地严重不足，架空层运动场虽能够保证学生活动的便利性，但这对架空层自身的层高要求较高，只有适宜层高才能避免学生在活动时产生压抑感。

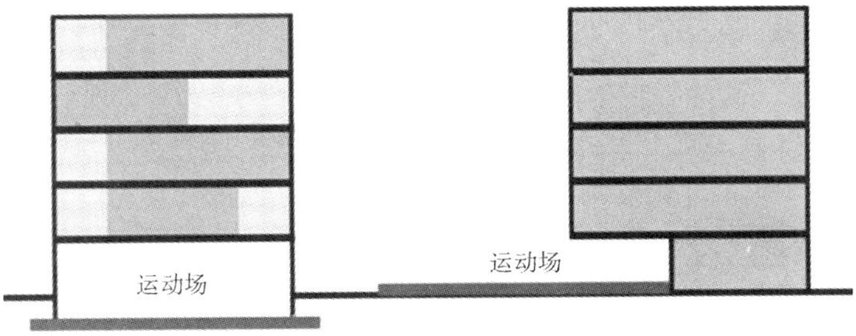


图 7.26　室内运动场示意

图 7.27　架空层运动场

## 7.3.4　校外共享型

风雨操场的位置选择对校内外空间统筹影响很大。如果操场要对外开放，应将风雨操场置于校园边缘地带，且设置独立出入口，便于分区管理。如图 7.28 所示，风雨操场与学区内共享的布局模式主要有 3 种。这 3 种统筹计划布局模式皆有利弊，学校在规划设计时应根据实际情况，如地形、道路、周边环境等因素进行判断。但在考虑空间计划统筹时，需保证教学使用与校外使用互不影响。

| 沿街式布局模式 | 道路分割模式 | 紧邻校园主要出入口模式 |
| --- | --- | --- |
| 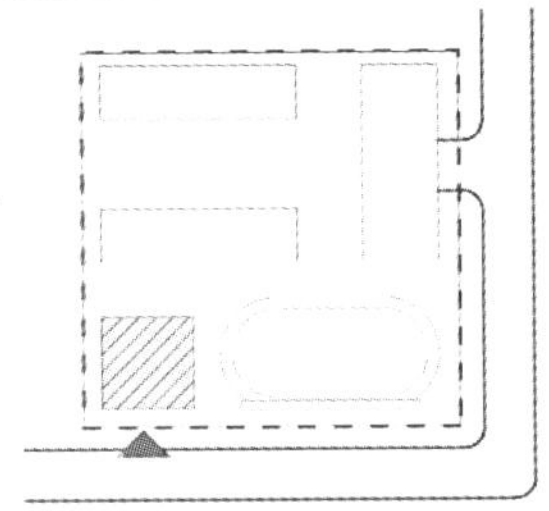 | 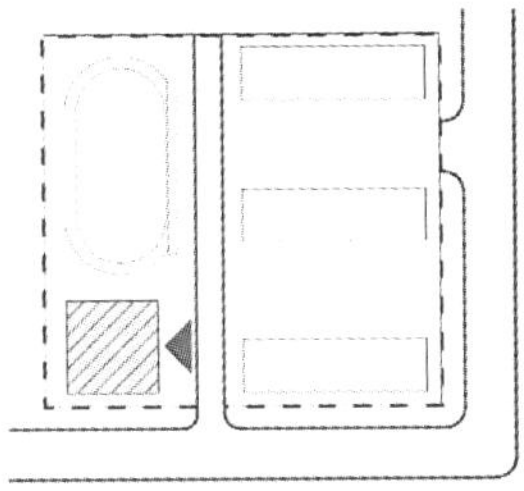 | 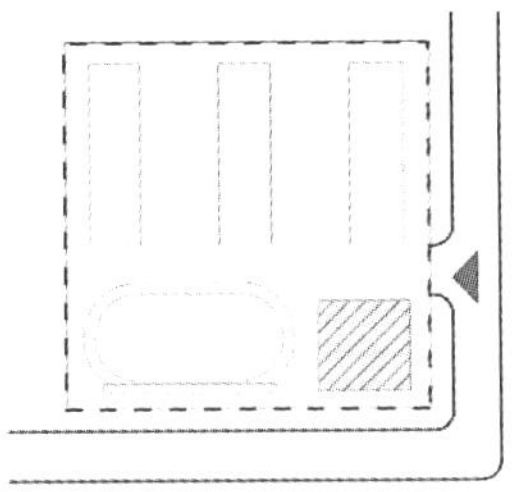 |
| 将风雨操场紧邻道路布置，校外人员直接进入馆内 | 利用学校道路将体育运动区分开，可减少外来人流对教学区的干扰 | 将风雨操场置于校园主入口附近，减少居民在校内逗留时间 |

图 7.28　风雨操场统筹计划布局模式

GX 中学风雨操场，既为学校所使用，同时也是社会竞技体育馆。因此，将风雨操场临道路设置，且规划两个主要出入口，学校的西入口及临道路的南入口，以此避免校外人员进出影响教学。其室内可容纳 4 000 人集会，能够同时满足体育教学、学生活动等多功能用途。GX 中学风雨操场实景和示意如图 7. 29 所示。

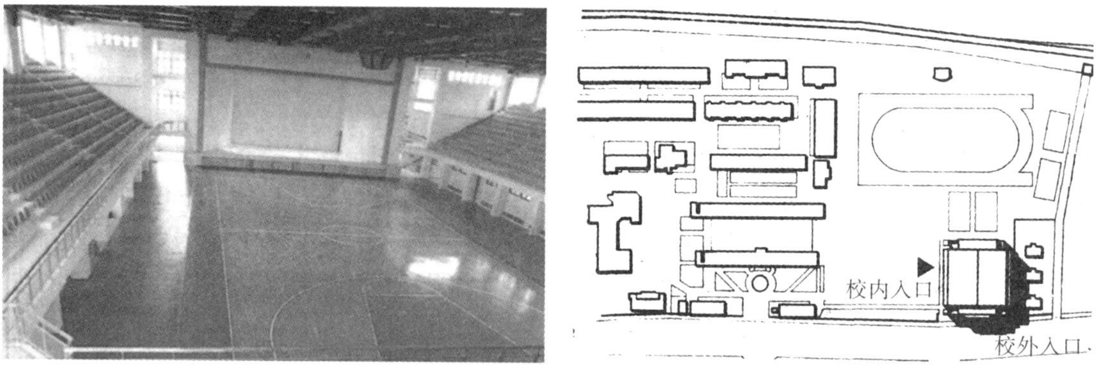


**图 7. 29　GX 中学风雨操场实景和示意**

另外，学区-学校联办的体育馆所采用的统筹计划共享模式打破了学校的封闭状态，将社会连为一体，大大提高了体育设施的利用率。这种联合体一般是将多种功能组织在一起的综合型体育馆，能够为学校和社会提供不同层次、不同类型的运动项目。FH 社区体育馆虽然是这种联合体形式，但它距离学校较远，不方便学生课间使用，加之学生组织不便，所以目前主要用于学校社团活动及各项赛事，体育教学等还是在室外场地进行。因此，学区-学校统筹共享型体育馆在建设前期，需考虑体育馆的位置，以便于学校教学使用。

## 7. 4　本章小结

本章针对用地制约下的学校，对其空间使用现状提出了种种问题，如无秩序的改扩建措施致使校内室外活动空间被占据，教学空间采光不足，人数超过额定人数，室内空间拥挤不堪等。由于学校承载力已超限，面对持续增长的就学需求，学校不得不提出应对措施。因此，本章结合实地调研以及学校内外空间统筹的可拓展程度，分别从建筑空间、公共活动空间和运动场馆三个方面进行实践探索，并梳理、总结出三大空间各自有效的空间统筹模式，以此来缓解陕西关中地区大城市城区复杂环境下学校内教学资源与设施不足的压力，提高土地的使用效率，实现学区的设施共建、共享。

# 第8章

# 结　论

## 8.1 研究结论

本书综合运用了教育学、社会学、城市规划学、建筑学及城乡统筹等理论与方法，对陕西关中地区大城市全纳学区就学需求与空间计划进行了较为全面、系统的研究。研究工作主要包括理论和实证两个方面，其中，理论部分主要包括学区、学校发展建设的启示，学校、学区供需要素剖析和学校空间构成及其特征三个方面；实证部分以陕西关中地区大城市典型代表——36所小学学区为数据基础，以TWX小学学区与JHNL小学学区为既有学区就学需求测算的样本，以CL中学、HY第一中学、FH中学、GX一中为校内外空间计划实践模式探索的重点。基于此，本书的研究结论主要体现为以下两个方面。

（1）既有小学学区全纳就学需求的测算

以《城市普通中小学校校舍建设标准》《中小学校设计规范》（GB 50099—2011）、《汶川地震灾后重建学校规划建筑设计导则》和《城市居住区规划设计标准》（GB 50180—2018）等国家现行中小学规划建设规范和西北地区部分省份、国内部分城市中小学校办学条件标准为切入点，以36所小学学区为样本，分别核定和优化了学校的规模要素，包括班级数量、班级人数、生均面积，和学区服务的范围要素，包括服务半径、便利程度和千人学生数；并借助ArcGIS，以分辨率较高的高德地图为底图，从实际路网出发，对学校的供给和学区上学需求做出预判。同时，本书通过相关性检验对TWX小学学区和JHNL小学学区内住居空间中区域位置、建筑类型、建设年代、户型结构四个影响因素做出模拟指数评价，进而根据多元线性回归分析和主成分分析，建构了学区就学需求的测算模型即主成分回归分析模型，该模型测算结果与前期供需诉求预判结果基本一致。

（2）学校内外空间统筹计划实践探索

在续接学校供小于学区求的预判结论下，以CL中学、HY第一中学、FH中学、GX一中为样本，分别从学校总体布局、教学空间的组织形式和使用，办公及生活用房的功能构成及特征，体育运动场馆的分布与类型，学校周边的用地性质和学区内公共设施的配套五个方面进行了梳理、归纳与审视。同时，本书依托空间整合理论和建筑计划理论，结合空间统筹计划的功能多样、学社共享和空间多元的三大特征，提出了空间统筹计划的三大原则，即功能空间的灵活性、空间布局的开放性和组织形式的可调性，以实现完善校内功能构成、集约化的空间布局和空间环境品质提升三大目标。本书总结了学校内外空间统筹的可拓展程度，即生活用房最适宜拓展，其次为体育活动空间，最后为教学及教学辅助空间，进而从建筑空间、公共活动空间和运动场馆三个方面进行实践探索，并梳理、总结出三大空间各自有效的空间统筹计划模式。

## 8.2 创新之处

著名科学家贝弗里奇曾说过，“独创常常在于发现两个或两个以上研究对象或设想之间的联系及相似之处。”因此，本书的研究对于基于校内外统筹的陕西关中地区大城市全纳学区就学需求与空间计划研究的创新之处主要体现为以下两个方面。

1）观念创新。提出全纳学区理念，即全纳学区直指全纳教育的本源，学区能够为所有区内居住的适龄孩子提供同等的上学机会（不附加任何条件）。这不仅是一种理想，也是学区建设的目标，更是统筹校内外资源构建高品质中小学空间环境的必要条件。

2）成果创新。一是基于陕西关中地区大城市调研数据的支撑，构建了全纳学区就学需求的预测方法与模型，有利于对陕西关中地区大城市现有学区及学校规划建设后的供需评价做出理性判断和合理调控；二是针对陕西关中地区大城市用地制约下的学校空间使用现状的种种问题，总结学校内外空间统筹的可拓展程度，提出建筑空间、公共活动空间和运动场馆三大空间各自有效的空间统筹的计划模式，以提升学校空间品质，满足高品质学校的空间环境要求。

## 8.3 研究展望

基于校内外统筹的全纳学区就学需求与空间计划研究，涉及诸多学科领域，是一个较为复杂的研究过程。由于作者的精力和能力所限，本书的研究还存在一些不足之处，在后续的工作中需要结合实践更深入地研究和探索以下问题。

1）针对本书研究中提出的既有学区就学需求测算，需进一步突破样本数据进行拓展和大量测算，加强在今后的研究工作中的实践运用，以检验和修正测算模型的普适性，并进一步形成更加系统与完善的模型体系。

2）针对本书研究中提出的学校内外空间计划实践探索的模式类型，需进一步广泛深入的考察积累，不断扩充和更新空间统筹计划类型的模式语言，使其更符合在各种环境条件下的学校内外空间形态与功能构筑、设施统筹的描述。

本书的研究虽然立足于陕西关中地区大城市，但研究方法和模式对于我国其他地区的中小学校就学需求测算和学校内外空间统筹计划的研究具有一定的参考价值。因此，今后可以在本书的研究方法和模式基础上，继续深化对我国其他地区同类问题的研究。

最后，本书的研究亦是抛砖引玉，希望能够引起更多教育管理者、规划者、设计者对于中小学校建筑空间环境实际问题的关注，共同为我国基础教育向更优质、更科学、更和谐的方向发展添砖加瓦。

# 参 考 文 献

[1] 刘佳燕．城市规划中的社会规划：理论、方法与应用[M]．南京：东南大学出版社，2009.

[2] 蔡定基．基础教育学区管理模式研究[M]．北京：人民教育出版社，2013.

[3] 邹广天．建筑计划学[M]．北京：中国建筑工业出版社，2010.

[4] 李曙婷，王越群，周崐．“节地型”校园建筑空间构成模式研究[J]．西北大学学报（自然科学版），2010，40（6）：1097-1100.

[5] 黄明华，杨郑鑫，巩岳．县城义务教育阶段学校适宜性指标体系研究[J]．城市规划，2011，4：16-21.

[6] 刘尔明，李智捷．形变与连接——高密度校园空间试验：深圳外国语学校国际部设计[J]．世界建筑，2012，8：120-123.

[7] 岳晓琴，黄明华．县城中小学教育设施规划指标探讨[J]．规划师，2012，1：78-83.

[8] 蔡定基，高慧冰．越秀区学区知识资源共享管理机制探讨[J]．中国电化教育，2011，7.

[9] 江东区探索全民优质教育均衡发展之路[J]．宁波通讯，2008，12：52-53.

[10] 于胜刚，邬志辉．简述美国农村学区布局调整（1930—1998）[J]．学术论坛，2010，33（6）：197-201.

[11] 千叶正士，李丽辉．19世纪日本学区制度和封建村社之间的关系——法律对社会作用的研究[J]．社会中的法理，2011，1：501-508.

[12] 蓝建中．日本小学教育如何均一化[J]．辽宁教育，2014，8：90.

[13] 罗丹．我国各地区经济发展综合评价[J]．重庆工商大学学报（自然科学版），2013，30（1）：35-39.

[14] 郎云雯，段美英，赵金燕，鲁绍坤，杨德．关于主成分回归分析程序的研究[J]．统计与决策，2013，18：75-77.

[15] 谢殷睿，许懋彦．开放——日本小学校设计的新理念[J]．城市建筑，2017，7：16-20.

[16] 罗琳．李志民．陈雅兰．超大规模办学下高中校园空间环境集约化与适应性设计研究[J]．华中建筑，2015，33（11）：69-71.

[17] 温雅玲．中小学校多意空间及其适应性环境设计研究[D]．西安：西安建筑科技大学，2008.

[18] 刘碧滢. 城乡统筹背景下陕西县域中小学校空间计划研究[D]. 西安：西安建筑科技大学，2012.
[19] 李曙婷. 适应素质教育的小学校建筑空间及环境模式研究[D]. 西安：西安建筑科技大学，2008.
[20] 周崐. 新形势下的西北农村中小学校建筑计划研究[D]. 西安：西安建筑科技大学，2009.
[21] 王欢. 城市高密度下的中小学校园规划设计[D]. 天津：天津大学，2012.
[22] 郭书胜. 当代台湾中小学校园建筑及21世纪转型的新趋势[D]. 上海：同济大学，2008.
[23] 张霄兵. 基于GIS的中小学布局选址规划研究[D]. 上海：同济大学，2008.
[24] 吴艳珊. 中学校园集约化设计[D]. 北京：清华大学，2012.
[25] 杨烁. 义务教育校际差距问题研究[D]. 长春：东北师范大学，2015.
[26] 杨舒怀. 义务教育组团式小片区管理模式研究[D]. 泉州：华侨大学，2015.
[27] 王世明. 北京市东城区学区体育开展现有的研究[D]. 北京：首都体育学院，2009.
[28] 周慧佳. 用地紧张超员运作中学建筑空间环境品质提升典型案例研究[D]. 西安：西安建筑科技大学，2017.
[29] 任丙玉. 超大规模高中专用教室空间计划研究[D]. 西安：西安建筑科技大学. 2013.
[30] 梁爽. 城市中的高密度大学校园设计研究[D]. 北京：北京建筑大学. 2015.
[31] 周子懿. 学区划分背景下的小学布点规划评价与优化研究[D]. 杭州：浙江大学，2015.
[32] 林鑫. 赫曼・赫兹伯格的学校设计理念及作分析[D]. 广州：华南理工大学，2012.
[33] 霍胜木. 基于学生行为下的中学校园空间环境规划设计研究[D]. 昆明：昆明理工大学，2012.

# 附　录

## 附录 1：调研资料统计——学区

附表　BL 区小学学区面积汇总表

| 序号 | 学校名称 | 学区面积/m² | 序号 | 学校名称 | 学区面积/m² |
|---|---|---|---|---|---|
| 1 | RHZ 小学 | 703 203.26 | 19 | YY 小学 | 1 597 866.26 |
| 2 | XQ 小学 | 1 058 236.04 | 20 | ZXL 小学 | 1 103 176.73 |
| 3 | JLC 小学 | 491 480.23 | 21 | WWSZ 小学 | 652 994.75 |
| 4 | YX 小学 | 731 096.36 | 22 | ZL 小学 | 561 883.07 |
| 5 | YN 小学 | 515 497.15 | 23 | JGL 小学 | 813 415.3 |
| 6 | DG 小学 | 515 793.62 | 24 | DYS 小学 | 319 519.86 |
| 7 | DGNJ 小学 | 1 498 426.31 | 25 | DTM 小学 | 844 488.24 |
| 8 | SP 小学 | 1 556 377.05 | 26 | TWX 小学 | 614 234.38 |
| 9 | TWDE 小学 | 289 753.14 | 27 | JHNL 小学 | 759 566.93 |
| 10 | LJC 小学 | 915 581.44 | 28 | DXNL 小学分校 | 710 158.15 |
| 11 | ADJ 小学 | 1 656 435.18 | 29 | TYL 小学 | 107 752.13 |
| 12 | YTL 小学 | 955 791.15 | 30 | XASFFS 小学 | 626 848.6 |
| 13 | WYL 小学 | 874 307.78 | 31 | XALGDXFS 小学 | 589 886.96 |
| 14 | NM 小学 | 1 657 274.58 | 32 | XADYDXFS 小学 | 220 906.16 |
| 15 | DXNL 小学 | 524 896.32 | 33 | XAJTDXFS 小学 | 1 390 079.38 |
| 16 | HJC 小学 | 1 904 705.83 | 34 | XAJZKJDXFS 小学 | 709 284.3 |
| 17 | XYT 小学 | 2 424 155.87 | 35 | XBDYDXFS 小学 | 1 118 714.24 |
| 18 | ZQDJ 小学 | 1 000 643.37 | 36 | XBDXFS 小学 | 484 969.76 |

# 附录2：调研资料统计——学校

附表 2.1 BL 区学校基本情况

| 项目 | 合计 | 幼儿园 | 小学 | 中学 | | | 特殊教育 | 职高 |
|---|---|---|---|---|---|---|---|---|
| | | | | 小计 | 初中 | 高中 | | |
| 学校/所 | 135 | 49 | 43 | 42 | 10 | 32 | 1 | 7 |
| 在校生/人 | 111 459 | 16 733 | 42 754 | 49 755 | 28 077 | 19 878 | 193 | 3 824 |
| 教职工/人 | 8 972 | 2 425 | 2 413 | 3 847 | 676 | 3 171 | 85 | 202 |
| 占地面积/$m^2$ | 1 514 156 | 167 378 | 363 175 | 827 191 | 131 880 | 695 311 | 11 945 | 47 267 |
| 建筑面积/$m^2$ | 982 934 | 117 280 | 248 128 | 580 502 | 99 451 | 481 051 | 11 954 | 25 070 |
| 固定资产总值/万元 | 104 209 | — | 44 880 | 55 701 | 4 584 | 51 117 | — | 3 628 |

附表 2.2 BL 区小学情况汇总

| 序号 | 学校名称 | 学生数/人 | 班级数/个 | 教师数/人 | 占地面积/$m^2$ | 建筑面积/$m^2$ | 建校时间/年 |
|---|---|---|---|---|---|---|---|
| 1 | RHZ 小学 | 600 | 12 | 39 | 4 700 | 6 000 | 1943 |
| 2 | XQ 小学 | 600 | 12 | 43 | 8 250 | 3 800 | 1983 |
| 3 | JLC 小学 | 1 045 | 19 | 45 | 4 800 | 3 400 | 1903 |
| 4 | YX 小学 | 900 | 18 | 43 | 9 000 | 4 800 | 1952 |
| 5 | YN 小学 | 600 | 12 | 30 | 3 000 | 1 800 | 2002 |
| 6 | DG 小学 | 600 | 12 | 36 | 4 000 | 3 000 | 1937 |
| 7 | DGNJ 小学 | 600 | 12 | 30 | 6 500 | 2 400 | 1926 |
| 8 | SP 小学 | 320 | 8 | 37 | 6 600 | 8 000 | 1932 |
| 9 | TWDE 小学 | 1 250 | 25 | 27 | 5 500 | 5 000 | 1958 |
| 10 | LJC 小学 | 810 | 18 | 48 | 7 210 | 4 500 | 1929 |
| 11 | ADJ 小学 | 495 | 11 | 41 | 10 000 | 2 600 | 1957 |
| 12 | YTL 小学 | 1 305 | 29 | 66 | 8 900 | 10 000 | 1922 |
| 13 | WYL 小学 | 1 500 | 30 | 82 | 9 000 | 6 300 | 1952 |
| 14 | NM 小学 | 900 | 18 | 63 | 4 300 | 5 100 | 1960 |
| 15 | DXNL 小学 | 3 600 | 60 | 120 | 13 700 | 22 000 | 1922 |
| 16 | HJC 小学 | 600 | 12 | 30 | 5 000 | 2 700 | 1921 |
| 17 | XYT 小学 | 1 400 | 28 | 60 | 26 600 | 5 100 | 1949 |

续表

| 序号 | 学校名称 | 学生数/人 | 班级数/个 | 教师数/人 | 占地面积/$m^2$ | 建筑面积/$m^2$ | 建校时间/年 |
|---|---|---|---|---|---|---|---|
| 18 | ZQDJ 小学 | 600 | 12 | 32 | 7 600 | 8 200 | — |
| 19 | YY 小学 | 540 | 12 | 31 | 3 500 | 1 750 | 1997 |
| 20 | ZXL 小学 | 1 100 | 20 | 61 | 5 500 | 3 800 | 1986 |
| 21 | WWSZ 小学 | 810 | 18 | 56 | 4 100 | 3 400 | 1944 |
| 22 | ZL 小学 | 540 | 12 | 28 | 3 000 | 2 200 | 1916 |
| 23 | JGL 小学 | 1 650 | 33 | 89 | 5 200 | 5 200 | 1941 |
| 24 | DYS 小学 | 540 | 12 | 39 | 1 700 | 1 800 | 1896 |
| 25 | DTM 小学 | 680 | 17 | 41 | 3 600 | 4 000 | 1958 |
| 26 | TWX 小学 | 2 695 | 49 | 100 | 9 500 | 9 200 | 1958 |
| 27 | JHNL 小学 | 495 | 11 | 27 | 9 900 | 4 400 | 1960 |
| 28 | DXNL 小学分校 | 1 200 | 24 | 85 | 9 200 | 9 200 | 1920 |
| 29 | TYL 小学 | 1 100 | 22 | 65 | 8 100 | 6 100 | 1956 |
| 30 | XASFFS 小学 | 1 210 | 22 | 60 | 10 100 | 8 600 | 1908 |
| 31 | XALGDXFS 小学 | 1 705 | 31 | 50 | 8 600 | 5 000 | 1972 |
| 32 | XADYDXFS 小学 | 1 050 | 21 | 26 | 6 000 | 4 400 | 1959 |
| 33 | XAJTDXFS 小学 | 1 760 | 32 | 55 | 9 400 | 5 800 | 1897 |
| 34 | XAJJKJDXFS 小学 | 1 320 | 24 | 50 | 7 000 | 6 300 | 1956 |
| 35 | XBDYDXFS 小学 | 2 200 | 44 | 128 | 11 000 | 9 500 | 1957 |
| 36 | XBDXFS 小学 | 1 860 | 31 | 100 | 11 000 | 9 500 | 1945 |
| 合计 | — | 40 180 | 783 | 1 963 | 271 060 | 204 850 | — |

**附表 2.3　BL 区小学现有指标汇总**

| 序号 | 学校名称 | 班级数/个 | 平均班额数/人 | 师生比 | 生均用地面积/$m^2$ | 生均校舍建筑面积/$m^2$ | 容积率 |
|---|---|---|---|---|---|---|---|
| 1 | RHZ 小学 | 12 | 50 | 1 : 15 | 7. 83 | 10. 00 | 1. 3 |
| 2 | XQ 小学 | 12 | 50 | 1 : 14 | 13. 75 | 6. 33 | 0. 5 |
| 3 | JLC 小学 | 19 | 55 | 1 : 23 | 4. 59 | 3. 25 | 0. 7 |
| 4 | YX 小学 | 18 | 50 | 1 : 21 | 10. 00 | 5. 33 | 0. 5 |
| 5 | YN 小学 | 12 | 50 | 1 : 20 | 5. 00 | 3. 00 | 0. 6 |
| 6 | DG 小学 | 12 | 50 | 1 : 16 | 6. 67 | 5. 00 | 0. 8 |

续表

| 序号 | 学校名称 | 班级数/个 | 平均班额数/人 | 师生比 | 生均用地面积/$m^2$ | 生均校舍建筑面积/$m^2$ | 容积率 |
|---|---|---|---|---|---|---|---|
| 7 | DGNJ 小学 | 12 | 50 | 1∶20 | 10.83 | 4.00 | 0.4 |
| 8 | SP 小学 | 8 | 40 | 1∶9 | 20.63 | 25.00 | 1.2 |
| 9 | TWDE 小学 | 25 | 50 | 1∶46 | 4.40 | 4.00 | 0.9 |
| 10 | LJC 小学 | 18 | 45 | 1∶17 | 8.90 | 5.56 | 0.6 |
| 11 | ADJ 小学 | 11 | 45 | 1∶12 | 20.20 | 5.25 | 0.3 |
| 12 | YTL 小学 | 29 | 45 | 1∶21 | 6.32 | 7.10 | 1.1 |
| 13 | WYL 小学 | 30 | 50 | 1∶18 | 6.00 | 4.20 | 0.7 |
| 14 | NM 小学 | 18 | 50 | 1∶14 | 4.78 | 5.67 | 1.2 |
| 15 | DXNL 小学 | 60 | 60 | 1∶30 | 3.81 | 6.11 | 1.6 |
| 16 | HJC 小学 | 12 | 50 | 1∶20 | 8.33 | 4.50 | 0.5 |
| 17 | XYT 小学 | 28 | 50 | 1∶23 | 19.00 | 3.64 | 0.2 |
| 18 | ZQDJ 小学 | 12 | 50 | 1∶18 | 12.67 | 13.67 | 1.1 |
| 19 | YY 小学 | 12 | 45 | 1∶17 | 6.48 | 3.24 | 0.5 |
| 20 | ZXL 小学 | 20 | 55 | 1∶18 | 5.00 | 3.45 | 0.7 |
| 21 | WWSZ 小学 | 18 | 45 | 1∶14 | 5.06 | 4.20 | 0.8 |
| 22 | ZL 小学 | 12 | 45 | 1∶19 | 5.56 | 4.07 | 0.7 |
| 23 | JGL 小学 | 33 | 50 | 1∶18 | 3.15 | 3.15 | 1.0 |
| 24 | DYS 小学 | 12 | 45 | 1∶13 | 3.15 | 3.33 | 1.1 |
| 25 | DTM 小学 | 17 | 40 | 1∶16 | 5.29 | 5.88 | 1.1 |
| 26 | TWX 小学 | 49 | 55 | 1∶26 | 3.53 | 3.41 | 1.0 |
| 27 | JHNL 小学 | 11 | 45 | 1∶18 | 20.00 | 8.89 | 0.4 |
| 28 | DXNL 小学分校 | 24 | 50 | 1∶14 | 7.67 | 7.67 | 1.0 |
| 29 | TYL 小学 | 22 | 50 | 1∶16 | 7.36 | 5.55 | 0.8 |
| 30 | XASFFS 小学 | 22 | 55 | 1∶20 | 8.35 | 7.11 | 0.9 |
| 31 | XALGDXFS 小学 | 31 | 55 | 1∶34 | 5.04 | 2.93 | 0.6 |
| 32 | XADYDXFS 小学 | 21 | 50 | 1∶40 | 5.71 | 4.19 | 0.7 |
| 33 | XAJTDXFS 小学 | 32 | 55 | 1∶32 | 5.34 | 3.30 | 0.6 |
| 34 | XAJJKJDXFS 小学 | 24 | 55 | 1∶26 | 5.30 | 4.77 | 0.9 |
| 35 | XBDYDXFS 小学 | 44 | 50 | 1∶17 | 5.00 | 4.32 | 0.9 |
| 36 | XBDXFS 小学 | 31 | 60 | 1∶18 | 5.91 | 5.11 | 0.9 |

附表 2.4　BL 区小学供给情况统计一览

| 序号 | 学校 | 班数/个 | 平均每班人数/人 | 学生规模/人 |
| --- | --- | --- | --- | --- |
| 1 | RHZ 小学 | 12 | 50 | 600 |
| 2 | XQ 小学 | 12 | 50 | 600 |
| 3 | JLC 小学 | 19 | 55 | 1 045 |
| 4 | YX 小学 | 18 | 50 | 900 |
| 5 | YN 小学 | 12 | 50 | 600 |
| 6 | DG 小学 | 12 | 50 | 600 |
| 7 | DGNJ 小学 | 12 | 50 | 600 |
| 8 | SP 小学 | 8 | 40 | 320 |
| 9 | TWDE 小学 | 25 | 50 | 1 250 |
| 10 | LJC 小学 | 18 | 45 | 810 |
| 11 | ADJ 小学 | 11 | 45 | 495 |
| 12 | YTL 小学 | 29 | 45 | 1 408 |
| 13 | WYL 小学 | 30 | 50 | 1 500 |
| 14 | NM 小学 | 18 | 50 | 900 |
| 15 | DXNL 小学 | 60 | 60 | 3 600 |
| 16 | HJC 小学 | 12 | 50 | 600 |
| 17 | XYT 小学 | 28 | 50 | 1 400 |
| 18 | ZQDJ 小学 | 12 | 50 | 600 |
| 19 | YY 小学 | 12 | 45 | 540 |
| 20 | ZXL 小学 | 20 | 55 | 1 100 |
| 21 | WWSZ 小学 | 18 | 45 | 810 |
| 22 | ZL 小学 | 12 | 45 | 540 |
| 23 | JGL 小学 | 33 | 50 | 1 650 |
| 24 | DYS 小学 | 12 | 45 | 540 |
| 25 | DTM 小学 | 17 | 40 | 680 |
| 26 | TWX 小学 | 49 | 55 | 2 695 |
| 27 | JHNL 小学 | 11 | 45 | 495 |
| 28 | DXNL 小学分校 | 24 | 50 | 1 200 |
| 29 | TYL 小学 | 22 | 50 | 1 100 |
| 30 | XASFFS 小学 | 22 | 55 | 1 210 |
| 31 | XALGDXFS 小学 | 31 | 55 | 1 705 |
| 32 | XADYDXFS 小学 | 21 | 50 | 1 050 |
| 33 | XAJTDXFS 小学 | 32 | 55 | 1 760 |
| 34 | XAJZKJDXFS 小学 | 24 | 55 | 1 320 |

续表

| 序号 | 学校 | 班数/个 | 平均每班人数/人 | 学生规模/人 |
|---|---|---|---|---|
| 35 | XBDYDXFS 小学 | 44 | 50 | 2 200 |
| 36 | XBDXFS 小学 | 31 | 60 | 1 860 |
| 全区合计 | | 783 | — | 40 283 |

# 附录3：调研资料统计——样本学区

**附表 3.1　TWX 小学学区居住建筑汇总表**

| 序号 | 小区名称 | 排序 | 建筑类型 | 建成年份 | 梯户 | 每层户数 | 层数 | 总户数 | 户型面积/$m^2$ | 户型结构 |
|---|---|---|---|---|---|---|---|---|---|---|
| 1 | TL 小区 1# | 1 | 福利房 | 1983 | 2 | 4 | 3 | 12 | 144 | 四室两厅 |
| | | 2 | 福利房 | 1983 | 2 | 4 | 3 | 12 | 144 | 四室两厅 |
| | | 3 | 福利房 | 1983 | 2 | 4 | 4 | 16 | 97 | 三室两厅 |
| | | 4 | 福利房 | 1986 | 2 | 4 | 5 | 20 | 97 | 三室两厅 |
| | | 5 | 福利房 | 1986 | 3 | 9 | 7 | 63 | 58/61 | 两室一厅 |
| | | 6 | 福利房 | 1986 | 4 | 4 | 6 | 24 | 65 | 两室一厅 |
| | | 7 | 福利房 | 1986 | 4 | 4 | 6 | 24 | 62 | 两室一厅 |
| | | 8 | 商业建筑 | 2 层商铺 | | | | | | |
| | | 9 | 商业建筑 | 2 层商铺 | | | | | | |
| | | 10 | 公共服务 | 铁路局小区服务中心 | | | | | | |
| 2 | TL 小区 2# | 1 | 福利房 | 1990 | 2 | 8 | 6 | 48 | 76 | 两室两厅 |
| | | | | | 3 | 3 | 6 | 18 | 59 | 两室一厅 |
| | | 2 | 福利房 | 1990 | 2 | 10 | 4 | 40 | 58 | 两室一厅 |
| | | 3 | 福利房 | 1992 | 2 | 8 | 7 | 56 | 78 | 两室两厅 |
| | | 4 | 福利房 | 2007 | 2 | 1 | 18 | 18 | 144 | 三室两厅 |
| | | | | | | 7 | | 126 | 126 | 三室两厅 |
| | | 5 | 福利房 | 2012 | 8 | 8 | 32 | 256 | 103 | 两室两厅 |
| | | | | | | 8 | | 256 | 144 | 三室两厅 |
| | | 6 | 福利房 | 2012 | 5 | 1 | 32 | 32 | 66 | 一室一厅 |
| | | | | | | 2 | | 64 | 87 | 两室一厅 |
| | | | | | | 2 | | 64 | 112 | 两室两厅 |
| | | 7 | 体育建筑 | 火车头体育馆 | | | | | | |
| | | 8 | 在建住宅 | 32 层高层住宅 | | | | | | |

续表

| 序号 | 小区名称 | 排序 | 建筑类型 | 建成年份 | 梯户 | 每层户数 | 层数 | 总户数 | 户型面积/$m^2$ | 户型结构 |
|---|---|---|---|---|---|---|---|---|---|---|
| 3 | TL 小区 3# | 1 | 福利房 | 1985 | 2 | 4 | 6 | 24 | 79 | 两室两厅 |
| | | 2 | 福利房 | 1983 | 3 | 12 | 5 | 60 | 55/58 | 两室一厅 |
| | | 3 | 福利房 | 1985 | 2 | 4 | 6 | 24 | 83 | 两室两厅 |
| | | 4 | 福利房 | 1985 | 2 | 4 | 6 | 24 | 78 | 两室两厅 |
| | | | | | 3 | 3 | | 18 | 55/58 | 两室一厅 |
| | | 5 | 福利房 | 1985 | 2 | 8 | 6 | 48 | 82 | 两室两厅 |
| | | 6 | 福利房 | 1985 | 2 | 8 | 6 | 48 | 78 | 两室两厅 |
| | | 7 | 福利房 | 1985 | 2 | 2 | 6 | 12 | 78 | 两室两厅 |
| | | 8 | 福利房 | 1984 | 3 | 6 | 5 | 30 | 55/58 | 两室一厅 |
| 4 | TYZ 家属院 | 1 | 福利房 | 2004 | 5 | 3 | 15 | 69 | 58 | 一室一厅 |
| | | | | | | 4 | 20 | 92 | 96 | 两室两厅 |
| | | | | | | 4 | 20 | 92 | 115 | 两室两厅 |
| | | | | | | 4 | 20 | 92 | 138 | 三室两厅 |
| | | 2 | 福利房 | 1990 | 2 | 4 | 8 | 24 | 102 | 三室两厅 |
| | | | | | 3 | 3 | 9 | 18 | 75 | 两室两厅 |
| 5 | | 教育建筑 | | TYZ 中学 | | | | | | |
| 6 | | 商业建筑 | | 1 层饭馆，2、3 层酒店 | | | | | | |
| 7 | TLJ 家属院 1# | 1 | 福利房 | 2002 | 8 | 4 | 25 | 100 | 93 | 两室两厅 |
| | | | | | | 2 | | 50 | 114 | 两室两厅 |
| | | | | | | 2 | | 50 | 145 | 三室两厅 |
| | | 2 | 福利房 | 2002 | 8 | 4 | 25 | 100 | 93 | 两室两厅 |
| | | | | | | 2 | | 50 | 114 | 两室两厅 |
| | | | | | | 2 | | 50 | 145 | 三室两厅 |
| | | 3 | 福利房 | 1993 | 2 | 2 | 7 | 14 | 98.5 | 三室两厅 |
| | | | | | 3 | 9 | | 63 | 78 | 两室两厅 |
| | | 4 | 福利房 | 2015 | 6 | 4 | 28 | 112 | 86 | 两室一厅 |
| | | | | | | 4 | | 112 | 96 | 两室两厅 |
| | | | | | | 4 | | 112 | 140 | 三室两厅 |

续表

| 序号 | 小区名称 | 排序 | 建筑类型 | 建成年份 | 梯户 | 每层户数 | 层数 | 总户数 | 户型面积/$m^2$ | 户型结构 |
|---|---|---|---|---|---|---|---|---|---|---|
| 8 | TLJ家属院2# | 1 | 福利房 | 2010 | 8 | 6 | 25 | 150 | 106 | 两室两厅 |
| | | | | | | 2 | | 50 | 130 | 三室两厅 |
| | | 2 | 福利房 | 2010 | 2 | 4 | 6 | 12 | 92 | 三室两厅 |
| | | 3 | 商业建筑 | 西铁局第一招待所 | | | | | | |
| | | 4 | 教育建筑 | 西铁局幼儿园 | | | | | | |
| | | 5 | 公共服务 | 立体车库 | | | | | | |
| 9 | TLJ家属院3# | 1 | 福利房 | 1992 | 2 | 2 | 6 | 12 | 76 | 两室两厅 |
| | | 2 | 福利房 | 2016 | 6 | 4 | 18 | 72 | 100 | 两室两厅 |
| | | | | | | 4 | | 72 | 125 | 三室两厅 |
| | | | | | | 4 | | 72 | 146 | 三室两厅 |
| | | 3 | 福利房 | 1986 | 3 | 9 | 5 | 45 | 51/55 | 两室一厅 |
| | | 4 | 福利房 | 1986 | 3 | 6 | 5 | 30 | 51/55 | 两室一厅 |
| | | 5 | 福利房 | 1986 | 3 | 6 | 5 | 30 | 51/55 | 两室一厅 |
| | | 6 | 公共服务 | 立体车库 | | | | | | |
| | | 7 | 商业建筑 | 小吃城 | | | | | | |
| | | 8 | 商业建筑 | 西铁局菜市场 | | | | | | |
| 10 | | 医疗建筑 | | XA市第九医院 | | | | | | |
| 11 | | 其他 | | 花卉培育场 | | | | | | |
| 12 | | 教育建筑 | | TWX小学（TWX小学学区对应的小学） | | | | | | |
| 13 | XK家属院 | 1 | 福利房 | 2002 | 8 | 4 | 25 | 100 | 93 | 两室两厅 |
| | | | | | | 2 | | 50 | 114 | 两室两厅 |
| | | | | | | 2 | | 50 | 142 | 三室两厅 |
| | | 2 | 福利房 | 2002 | 8 | 4 | 25 | 100 | 93 | 两室两厅 |
| | | | | | | 2 | | 50 | 114 | 两室两厅 |
| | | | | | | 2 | | 50 | 142 | 三室两厅 |
| | | 3 | 福利房 | 1992 | 1 | 1 | 6 | 6 | 56 | 两室一厅 |
| | | | | | 2 | 6 | | 36 | 102 | 三室两厅 |
| | | 4 | 福利房 | 1995 | 2 | 2 | 4（5） | 8 | 155 | 四室两厅 |
| | | 5 | 办公建筑 | XA北特食品有限公司 | | | | | | |
| | | 6 | 办公建筑 | 中铁XA勘察设计研究院有限公司 | | | | | | |

续表

| 序号 | 小区名称 | 排序 | 建筑类型 | 建成年份 | 梯户 | 每层户数 | 层数 | 总户数 | 户型面积/m² | 户型结构 |
|---|---|---|---|---|---|---|---|---|---|---|
| 14 | TLJ家属院4# | 1 | 福利房 | 2012 | 7 | 2 | 29 | 58 | 47 | 一室一厅 |
| | | | | | | 6 | | 174 | 68 | 一室一厅 |
| | | | | | | 4 | | 116 | 85 | 两室一厅 |
| | | | | | | 2 | | 58 | 116 | 两室两厅 |
| | | 2 | 福利房 | 1995 | 2 | 2 | 7 | 14 | 76 | 两室两厅 |
| | | | | | 3 | 9 | | 63 | 55/58 | 两室一厅 |
| | | 3 | 福利房 | 1995 | 2 | 4 | 7 | 28 | 76 | 两室两厅 |
| | | | | | 3 | 6 | | 42 | 58 | 两室一厅 |
| | | 4 | 福利房（1~5层办公） | 2010 | 7 | 2 | 13（18） | 26 | 62 | 一室一厅 |
| | | | | | | 4 | | 52 | 86 | 两室一厅 |
| | | | | | | 1 | | 13 | 128 | 三室两厅 |
| | | 5 | 办公建筑 | XA铁路局退离休管理处 | | | | | | |
| 15 | TLYSFY家属院 | 1 | 福利房 | 1985 | 2 | 6 | 7 | 42 | 76 | 两室两厅 |
| | | 2 | 福利房 | 1982 | 3 | 3 | 6 | 18 | 58/61 | 两室一厅 |
| | | 3 | 福利房 | 1984 | 2 | 4 | 5 | 20 | 76 | 两室两厅 |
| | | 4 | 福利房 | 1984 | 2 | 4 | 5 | 20 | 76 | 两室两厅 |
| | | 5 | 福利房 | 1984 | 2 | 2 | 5 | 10 | 78 | 两室两厅 |
| | | 6 | 福利房 | 1980 | 4 | 8 | 4 | 32 | 62 | 两室一厅 |
| | | 7 | 公共服务 | 立体停车场、洗车厂 | | | | | | |
| | | 8 | 办公建筑 | XA铁路运输法院 | | | | | | |
| 16 | TLJ家属院5# | 1 | 福利房 | 1985 | 2 | 6 | 6 | 36 | 78 | 两室两厅 |
| | | 2 | 福利房 | 1985 | 2 | 6 | 5 | 30 | 76 | 两室两厅 |
| | | 3 | 福利房 | 1985 | 2 | 12 | 4 | 48 | 75 | 两室两厅 |
| | | 4 | 福利房 | 1985 | 2 | 12 | 5 | 60 | 75 | 两室两厅 |
| | | 5 | 福利房 | 1985 | 3 | 18 | 5 | 90 | 58/61 | 两室一厅 |
| | | 6 | 服务建筑 | 立体停车场 | | | | | | |
| | | 7 | 在建住宅 | 32层高层住宅（1栋） | | | | | | |
| 17 | TL新村 | 1 | 福利房 | 1985 | 2 | 8 | 6 | 48 | 78 | 两室两厅 |
| | | 2 | 福利房 | 1985 | 2 | 8 | 6 | 48 | 78 | 两室两厅 |
| | | 3 | 福利房 | 1985 | 2 | 8 | 6 | 48 | 78 | 两室两厅 |
| | | 4 | 福利房 | 1986 | 3 | 9 | 6 | 54 | 58/55 | 两室一厅 |

续表

| 序号 | 小区名称 | 排序 | 建筑类型 | 建成年份 | 梯户 | 每层户数 | 层数 | 总户数 | 户型面积/m$^2$ | 户型结构 |
|---|---|---|---|---|---|---|---|---|---|---|
| 17 | TL新村 | 5 | 福利房 | 1986 | 3 | 9 | 6 | 54 | 58/55 | 两室一厅 |
| | | 6 | 福利房 | 1986 | 3 | 9 | 6 | 54 | 58/55 | 两室一厅 |
| | | 7 | 福利房 | 1986 | 3 | 12 | 5 | 60 | 58/55 | 两室一厅 |
| | | 8 | 福利房 | 1986 | 3 | 12 | 5 | 60 | 58/55 | 两室一厅 |
| | | 9 | 福利房 | 1986 | 3 | 12 | 5 | 60 | 58/55 | 两室一厅 |
| | | 10 | 福利房 | 1986 | 3 | 12 | 5 | 60 | 58/55 | 两室一厅 |
| | | 11 | 福利房 | 1986 | 3 | 9 | 5 | 45 | 58/55 | 两室一厅 |
| | | 12 | 福利房 | 1986 | 3 | 9 | 5 | 45 | 58/55 | 两室一厅 |
| | | 13 | 福利房 | 1986 | 3 | 9 | 5 | 45 | 58/55 | 两室一厅 |
| | | 14 | 福利房 | 1986 | 3 | 9 | 5 | 45 | 58/55 | 两室一厅 |
| | | 15 | 福利房 | 1986 | 3 | 9 | 5 | 45 | 58/55 | 两室一厅 |
| | | 16 | 福利房 | 2000 | 8 | 8 | 5 | 40 | 48 | 一室一厅 |
| | | 17 | 福利房 | 1986 | 3 | 12 | 6 | 72 | 58/55 | 两室一厅 |
| | | 18 | 福利房 | 1986 | 3 | 12 | 6 | 72 | 58/55 | 两室一厅 |
| | | 19 | 福利房 | 1986 | 3 | 12 | 6 | 72 | 58/55 | 两室一厅 |
| | | 20 | 福利房 | 1986 | 3 | 12 | 6 | 72 | 58/55 | 两室一厅 |
| | | 21 | 福利房 | 1986 | 3 | 9 | 5 | 45 | 58/55 | 两室一厅 |
| | | 22 | 福利房 | 1986 | 3 | 9 | 5 | 45 | 58/55 | 两室一厅 |
| | | 23 | 福利房 | 1986 | 3 | 9 | 6 | 54 | 58/55 | 两室一厅 |
| | | 24 | 福利房 | 1986 | 3 | 9 | 6 | 54 | 58/55 | 两室一厅 |
| | | 25 | 福利房 | 1986 | 3 | 9 | 6 | 54 | 58/55 | 两室一厅 |
| | | 26 | 福利房（1～3层是办公室） | 2008 | 5 | 2 | 25（28） | 88 | 142.5 | 三室两厅 |
| | | | | | | 2 | | 88 | 106 | 两室两厅 |
| | | | | | | 1 | | 44 | 123 | 三室两厅 |
| | | 27 | 福利房 | 1986 | 2 | 12 | 6 | 72 | 78 | 两室两厅 |
| | | 28 | 福利房 | 1986 | 2 | 6 | 6 | 36 | 78 | 两室两厅 |
| | | 29 | 福利房 | 1986 | 2 | 4 | 5 | 20 | 78 | 两室两厅 |
| | | | | | 3 | 12 | | 60 | 58/55 | 两室一厅 |
| | | 30 | 福利房 | 1986 | 3 | 6 | 5 | 30 | 58/55 | 两室一厅 |
| | | 31 | 福利房 | 1986 | 2 | 2 | 5 | 10 | 78 | 两室两厅 |
| | | | | | 3 | 6 | | 30 | 58/55 | 两室一厅 |

续表

| 序号 | 小区名称 | 排序 | 建筑类型 | 建成年份 | 梯户 | 每层户数 | 层数 | 总户数 | 户型面积/$m^2$ | 户型结构 |
|---|---|---|---|---|---|---|---|---|---|---|
| 17 | TL新村 | 32 | 福利房 | 1986 | 2 | 2 | 5 | 10 | 78 | 两室两厅 |
| | | | | | 3 | 6 | | 30 | 58/55 | 两室一厅 |
| | | 33 | 福利房 | 1986 | 2 | 2 | 5 | 10 | 78 | 两室两厅 |
| | | | | | 3 | 6 | | 30 | 58/55 | 两室一厅 |
| | | 34 | 福利房 | 1986 | 2 | 6 | 5 | 30 | 76 | 两室两厅 |
| | | 35 | 福利房 | 1986 | 2 | 8 | 5 | 40 | 76 | 两室两厅 |
| | | 36 | 福利房 | 1986 | 3 | 9 | 6 | 54 | 58/55 | 两室一厅 |
| | | 37 | 福利房 | 1986 | 3 | 9 | 6 | 54 | 58/55 | 两室一厅 |
| | | 38 | 福利房 | 1986 | 3 | 9 | 6 | 54 | 58/55 | 两室一厅 |
| | | 39 | 福利房 | 1986 | 3 | 3 | 6 | 18 | 58/55 | 两室一厅 |
| | | | | | 2 | 6 | | 36 | 78 | 两室两厅 |
| | | 40 | 福利房 | 1986 | 2 | 2 | 6 | 12 | 82 | 两室两厅 |
| | | 41 | 福利房 | 1986 | 4 | 4 | 6 | 24 | 62 | 两室一厅 |
| | | 42 | 福利房 | 1986 | 4 | 4 | 6 | 24 | 62 | 两室一厅 |
| | | 43 | 福利房 | 1986 | 4 | 4 | 6 | 24 | 62 | 两室一厅 |
| | | 44 | 福利房 | 1986 | 4 | 4 | 6 | 24 | 62 | 两室一厅 |
| | | 45 | 福利房 | 1986 | 2 | 10 | 6 | 60 | 76 | 两室两厅 |
| | | 46 | 福利房 | 1986 | 2 | 10 | 6 | 60 | 76 | 两室两厅 |
| | | 47 | 福利房 | 1986 | 3 | 12 | 6 | 72 | 58/55 | 两室一厅 |
| | | 48 | 福利房 | 1986 | 3 | 12 | 6 | 72 | 58/55 | 两室一厅 |
| | | 49 | 福利房 | 1986 | 3 | 12 | 6 | 72 | 58/55 | 两室一厅 |
| | | 50 | 福利房 | 1986 | 3 | 6 | 6 | 36 | 58/55 | 两室一厅 |
| | | 51 | 福利房 | 1986 | 3 | 6 | 6 | 36 | 58/55 | 两室一厅 |
| | | 52 | 福利房 | 1986 | 3 | 9 | 6 | 54 | 58/55 | 两室一厅 |
| | | 53 | 福利房 | 1986 | 3 | 9 | 6 | 54 | 58/55 | 两室一厅 |
| | | 54 | 福利房 | 1986 | 3 | 9 | 6 | 54 | 58/55 | 两室一厅 |
| | | 55 | 福利房 | 1986 | 3 | 6 | 6 | 36 | 58/55 | 两室一厅 |
| | | 56 | 福利房 | 1986 | 3 | 6 | 6 | 36 | 58/55 | 两室一厅 |
| | | 57 | 福利房 | 1986 | 3 | 6 | 6 | 36 | 58/55 | 两室一厅 |
| | | 58 | 教育建筑 | TL新村幼儿园 | | | | | | |
| | | 59 | 商业建筑 | 菜市场 | | | | | | |

续表

| 序号 | 小区名称 | 排序 | 建筑类型 | 建成年份 | 梯户 | 每层户数 | 层数 | 总户数 | 户型面积/m² | 户型结构 |
| --- | --- | --- | --- | --- | --- | --- | --- | --- | --- | --- |
| 17 | TL新村 | 60 | 其他 | 铁路局养老院（废弃） | | | | | | |
| | | 61 | 商业建筑 | 商铺 | | | | | | |
| | | 62 | 办公建筑 | 铁路局后勤办公室 | | | | | | |
| 18 | TLJ家属院6# | 1 | 福利房 | 1998 | 2 | 6 | 6 | 36 | 95.5 | 三室两厅 |
| | | | | | 3 | 3 | | 18 | 68/71 | 两室两厅 |
| | | 2 | 福利房 | 1998 | 2 | 6 | 6 | 36 | 95.5 | 三室两厅 |
| | | | | | 3 | 3 | | 18 | 68/71 | 两室两厅 |
| | | 3 | 福利房 | 1998 | 2 | 6 | 6 | 36 | 95.5 | 三室两厅 |
| | | | | | 3 | 3 | | 18 | 68/71 | 两室两厅 |
| | | 4 | 福利房 | 1998 | 2 | 6 | 6 | 36 | 95.5 | 三室两厅 |
| | | | | | 3 | 3 | | 18 | 68/71 | 两室两厅 |
| | | 5 | 福利房 | 1995 | 2 | 8 | 6 | 48 | 95.5 | 三室两厅 |
| | | 6 | 福利房 | 1995 | 2 | 8 | 6 | 48 | 95.5 | 三室两厅 |
| | | 7 | 福利房 | 1995 | 2 | 8 | 6 | 48 | 95.5 | 三室两厅 |
| | | 8 | 福利房 | 1995 | 2 | 8 | 6 | 48 | 95.5 | 三室两厅 |
| | | 9 | 福利房 | 2006 | 6 | 2 | 21 | 42 | 102 | 两室两厅 |
| | | | | | | 2 | | 42 | 126 | 三室两厅 |
| | | | | | | 2 | | 42 | 140 | 三室两厅 |
| | | 10 | 福利房（1-4层为招待所） | 2006 | 11 | 6 | 17（21） | 102 | 95 | 两室两厅 |
| | | | | | | 5 | | 85 | 134 | 三室两厅 |
| | | 11 | 办公建筑 | XA市铁路局 | | | | | | |
| 居住建筑总户数：8 414户 | | | | | | | | | | |

**附表3.2 JHNL小学学区居住建筑汇总**

| 序号 | 小区名称 | 排序 | 建筑类型 | 建成年份 | 梯户 | 每层户数 | 层数 | 总户数 | 户型面积/m² | 户型结构 |
| --- | --- | --- | --- | --- | --- | --- | --- | --- | --- | --- |
| 1 | LF国际公寓 | 1 | 公寓（1~3层为商业，4~11层为福利房）其他为公寓） | 2006 | 13 | 8 | 8（23） | 64 | 106 | 两室两厅 |
| | | | | | | 3 | | 24 | 124 | 三室两厅 |
| | | | | | 23 | 23 | 13（23） | 299 | 53 | 一室一厅 |
| 2 | CHC家属区 | 1 | 福利房 | 1985 | 2 | 12 | 7 | 84 | 74 | 两室两厅 |
| | | 2 | 福利房 | 1985 | 2 | 14 | 6 | 84 | 74 | 两室两厅 |

续表

| 序号 | 小区名称 | 排序 | 建筑类型 | 建成年份 | 梯户 | 每层户数 | 层数 | 总户数 | 户型面积/$m^2$ | 户型结构 |
|---|---|---|---|---|---|---|---|---|---|---|
| 2 | XHC家属区 | 3 | 福利房 | 1984 | 2 | 12 | 6 | 84 | 74 | 两室两厅 |
| | | 4 | 福利房 | 1984 | 2 | 12 | 6 | 84 | 74 | 两室两厅 |
| | | 5 | 福利房 | 1980 | 4 | 4 | 5 | 20 | 42 | 一室一厅 |
| | | 6 | 福利房 | 1980 | 4 | 4 | 5 | 20 | 42 | 一室一厅 |
| | | 7 | 福利房 | 1980 | 4 | 4 | 5 | 20 | 42 | 一室一厅 |
| | | 8 | 福利房 | 1980 | 4 | 4 | 5 | 20 | 42 | 一室一厅 |
| | | 9 | 福利房 | 2002 | 2 | 8 | 6 | 48 | 87 | 两室两厅 |
| | | 10 | 福利房 | 2002 | 2 | 8 | 6 | 48 | 87 | 两室两厅 |
| | | 11 | 福利房 | 2002 | 2 | 8 | 6 | 48 | 87 | 两室两厅 |
| | | 12 | 福利房 | 2002 | 2 | 8 | 6 | 48 | 87 | 两室两厅 |
| | | 13 | 福利房 | 2000 | 2 | 6 | 6 | 48 | 87 | 两室两厅 |
| | | 14 | 福利房 | 2000 | 2 | 6 | 6 | 48 | 87 | 两室两厅 |
| | | 15 | 福利房 | 1985 | 2 | 4 | 5 | 20 | 74 | 两室两厅 |
| | | | | | 3 | 6 | 5 | 30 | 58/62 | 两室一厅 |
| | | 16 | 福利房 | 2000 | 2 | 6 | 6 | 36 | 87 | 两室两厅 |
| | | 17 | 福利房 | 2000 | 2 | 4 | 6 | 24 | 87 | 两室两厅 |
| | | 18 | 福利房 | 1985 | 2 | 4 | 5 | 20 | 74 | 两室两厅 |
| | | | | | 3 | 6 | 5 | 30 | 58/62 | 两室一厅 |
| | | 19 | 福利房 | 1985 | 2 | 6 | 6 | 36 | 74 | 两室两厅 |
| | | 20 | 福利房 | 2002 | 2 | 8 | 6 | 48 | 87 | 两室两厅 |
| | | 21 | 福利房 | 2002 | 2 | 4 | 6 | 24 | 87 | 两室两厅 |
| | | 22 | 福利房 | 1986 | 2 | 4 | 5 | 20 | 74 | 两室两厅 |
| | | | | | 3 | 6 | 5 | 30 | 58/62 | 两室一厅 |
| | | 23 | 福利房 | 1986 | 2 | 6 | 6 | 36 | 74 | 两室两厅 |
| | | 24 | 福利房 | 1986 | 2 | 4 | 6 | 24 | 74 | 两室两厅 |
| | | 25 | 福利房（3个单元） | 2008 | 4 | 6 | 28 | 168 | 125 | 三室两厅 |
| | | | | | | 6 | | 168 | 142 | 三室两厅 |
| | | 26 | 福利房（2个单元） | 2008 | 4 | 4 | 28 | 112 | 125 | 三室两厅 |
| | | | | | | 4 | | 112 | 142 | 三室两厅 |
| | | 27 | 福利房（3个单元） | 2015 | 4 | 6 | 34 | 204 | 84 | 两室两厅 |
| | | | | | | 6 | | 204 | 136 | 三室两厅 |

续表

| 序号 | 小区名称 | 排序 | 建筑类型 | 建成年份 | 梯户 | 每层户数 | 层数 | 总户数 | 户型面积/m² | 户型结构 |
|---|---|---|---|---|---|---|---|---|---|---|
| 2 | XHC家属区 | 28 | 福利房 | 1995 | 6 | 6 | 7 | 42 | 68 | 两室一厅 |
| | | 29 | 福利房 | 1995 | 2 | 8 | 7 | 56 | 87 | 两室两厅 |
| | | | | | 3 | 12 | | 84 | 59/62 | 两室一厅 |
| | | 30 | 福利房 | 1986 | 2 | 8 | 6 | 48 | 74 | 两室两厅 |
| | | 31 | 福利房 | 1986 | 3 | 12 | 6 | 72 | 59/62 | 两室一厅 |
| | | 32 | 福利房 | 1986 | 3 | 12 | 6 | 72 | 59/62 | 两室一厅 |
| | | 33 | 福利房 | 1986 | 3 | 12 | 6 | 72 | 59/62 | 两室一厅 |
| | | 34 | 福利房 | 1986 | 3 | 12 | 6 | 72 | 59/62 | 两室一厅 |
| | | 35 | 福利房 | 1986 | 2 | 8 | 6 | 48 | 74 | 两室两厅 |
| | | 36 | 福利房 | 1986 | 2 | 8 | 6 | 48 | 74 | 两室两厅 |
| 3 | | 学校 | | XHC 幼儿园 | | | | | | |
| 4 | | 学校 | | JHNL 小学 | | | | | | |
| 5 | DXCS家园 | 1 | 商品房 | 2004 | 4 | 2 | 18 | 36 | 134 | 三室两厅 |
| | | | | | | 2 | | 36 | 101 | 两室两厅 |
| | | 2 | 商品房 | | 3 | 2 | 18 | 36 | 127 | 三室两厅 |
| | | | | | | 1 | | 18 | 96 | 两室两厅 |
| | | 3 | 商品房 | | 2 | 2 | 5 | 10 | 125 | 三室两厅 |
| | | 4 | 商品房 | | 4 | 2 | 18 | 36 | 134 | 三室两厅 |
| | | | | | | 2 | | 36 | 101 | 两室两厅 |
| | | 5 | 商品房 | | 3 | 2 | 18 | 36 | 127 | 三室两厅 |
| | | | | | | 1 | | 18 | 96 | 两室两厅 |
| | | 6 | 商品房 | | 3 | 2 | 18 | 36 | 127 | 三室两厅 |
| | | | | | | 1 | | 18 | 96 | 两室两厅 |
| | | 7 | 商品房 | | 3 | 2 | 18 | 36 | 127 | 三室两厅 |
| | | | | | | 1 | | 18 | 96 | 两室两厅 |
| | | 8 | 商品房 | | 3 | 6 | 18 | 108 | 98/96 | 两室两厅 |
| 6 | | 办公建筑 | | 废弃 | | | | | | |
| 7 | KY商住大厦 | 1 | 商品房 | 2002 | 4 | 8 | 7 | 56 | 105/116 | 三室两厅 |
| | | | | | 2 | 5 | | 35 | 89 | 两室两厅 |
| | | | | | | 5 | | 35 | 118 | 三室两厅 |
| 8 | | 单位 | | XA 信号厂 | | | | | | |

续表

<table>
<tr><th>序号</th><th>小区名称</th><th>排序</th><th>建筑类型</th><th>建成年份</th><th>梯户</th><th>每层户数</th><th>层数</th><th>总户数</th><th>户型面积/m²</th><th>户型结构</th></tr>
<tr><td rowspan="4">9</td><td rowspan="4">KL上城</td><td rowspan="4">1</td><td rowspan="4">商品房（四个单元，1～2 层为商业）</td><td rowspan="4">2006</td><td rowspan="4">5/4/5/6</td><td>3</td><td rowspan="4">17（19）</td><td>51</td><td>50</td><td>一室一厅</td></tr>
<tr><td>4</td><td>68</td><td>87</td><td>两室一厅</td></tr>
<tr><td>10</td><td>170</td><td>104</td><td>两室两厅</td></tr>
<tr><td>3</td><td>51</td><td>128</td><td>三室两厅</td></tr>
<tr><td rowspan="2">10</td><td rowspan="2">产业园</td><td colspan="2">产业园区</td><td colspan="7">科技产业园</td></tr>
<tr><td colspan="2">医院</td><td colspan="7">骨科医院</td></tr>
<tr><td rowspan="11">11</td><td rowspan="11">XBXT小区</td><td>1</td><td>公寓</td><td rowspan="10">2006</td><td>9</td><td>9</td><td>3（5）</td><td>27</td><td>55</td><td>一室一厅</td></tr>
<tr><td rowspan="2">2</td><td rowspan="2">商品房</td><td rowspan="2">2</td><td>2</td><td rowspan="2">15</td><td>30</td><td>113</td><td>两室两厅</td></tr>
<tr><td>2</td><td>30</td><td>145</td><td>三室两厅</td></tr>
<tr><td>3</td><td>商品房</td><td>2</td><td>4</td><td>12（14）</td><td>48</td><td>99/105</td><td>两室两厅</td></tr>
<tr><td rowspan="3">4</td><td rowspan="3">商品房（1～3 层为商业）</td><td rowspan="3">2/3</td><td>1</td><td rowspan="3">9（12）</td><td>9</td><td>63</td><td>一室一厅</td></tr>
<tr><td>1</td><td>9</td><td>82</td><td>两室一厅</td></tr>
<tr><td>3</td><td>27</td><td>96</td><td>两室两厅</td></tr>
<tr><td>5</td><td>商品房</td><td>2</td><td>2</td><td>12（13）</td><td>24</td><td>133</td><td>三室两厅</td></tr>
<tr><td rowspan="2">6</td><td rowspan="2">商品房</td><td rowspan="2">4</td><td>2</td><td rowspan="2">24</td><td>48</td><td>109</td><td>两室两厅</td></tr>
<tr><td>2</td><td>48</td><td>137</td><td>三室两厅</td></tr>
<tr><td>7</td><td>商业</td><td colspan="7">三层商业</td></tr>
<tr><td>12</td><td></td><td colspan="2">学校</td><td colspan="7">XA 铁路高级技工学院</td></tr>
<tr><td rowspan="12">13</td><td rowspan="12">DXCS花园</td><td rowspan="2">1</td><td rowspan="2">商品房（1～2 层是商业）</td><td rowspan="12">2003</td><td rowspan="2">2</td><td>2</td><td rowspan="2">10（12）</td><td>20</td><td>126</td><td>三室两厅</td></tr>
<tr><td>2</td><td>20</td><td>136</td><td>三室两厅</td></tr>
<tr><td rowspan="2">2</td><td rowspan="2">商品房（1～2 层是商业）</td><td rowspan="2">2</td><td>3</td><td rowspan="2">10（12）</td><td>30</td><td>137</td><td>三室两厅</td></tr>
<tr><td>3</td><td>30</td><td>128</td><td>三室两厅</td></tr>
<tr><td rowspan="2">3</td><td rowspan="2">商品房（1～2 层是车库）</td><td rowspan="2">2</td><td>1</td><td rowspan="2">4（6）</td><td>4</td><td>124</td><td>三室两厅</td></tr>
<tr><td>1</td><td>4</td><td>128</td><td>三室两厅</td></tr>
<tr><td rowspan="2">4</td><td rowspan="2">商品房</td><td rowspan="2">2</td><td>1</td><td rowspan="2">6</td><td>6</td><td>147</td><td>三室两厅</td></tr>
<tr><td>1</td><td>6</td><td>138</td><td>三室两厅</td></tr>
<tr><td rowspan="2">5</td><td rowspan="2">商品房（1～2 层是商业）</td><td rowspan="2">2</td><td>1</td><td rowspan="2">8（10）</td><td>8</td><td>126</td><td>三室两厅</td></tr>
<tr><td>1</td><td>8</td><td>134</td><td>三室两厅</td></tr>
<tr><td rowspan="2">6</td><td rowspan="2">商品房（1～2 层是商业）</td><td rowspan="2">2</td><td>1</td><td rowspan="2">8（10）</td><td>8</td><td>126</td><td>三室两厅</td></tr>
<tr><td>1</td><td>8</td><td>134</td><td>三室两厅</td></tr>
</table>

续表

| 序号 | 小区名称 | 排序 | 建筑类型 | 建成年份 | 梯户 | 每层户数 | 层数 | 总户数 | 户型面积/m² | 户型结构 |
|---|---|---|---|---|---|---|---|---|---|---|
| 13 | DXCS花园 | 7 | 商品房 | 2003 | 2 | 2 | 10 | 20 | 147 | 三室两厅 |
| | | | | | | 2 | | 20 | 138 | 三室两厅 |
| | | 8 | 商品房 | | 2 | 3 | 10 | 30 | 128 | 三室两厅 |
| | | | | | | 3 | | 30 | 135 | 三室两厅 |
| | | 9 | 商品房 | | 2 | 4 | 10 | 40 | 132 | 三室两厅 |
| | | 10 | 商品房 | | 2 | 4 | 10 | 40 | 132 | 三室两厅 |
| | | 11 | 商品房 | | 2 | 4 | 10 | 40 | 132 | 三室两厅 |
| | | 12 | 商品房 | | 2 | 4 | 10 | 40 | 132 | 三室两厅 |
| | | 13 | 商品房（1～2层是商业） | | 2 | 3 | 4（6） | 12 | 128 | 三室两厅 |
| | | | | | | 3 | | 12 | 126 | 三室两厅 |
| | | 14 | 商品房（4个单元） | | 4/6 | 12 | 11 | 132 | 56 | 一室一厅 |
| | | | | | | 6 | | 66 | 86 | 两室一厅 |
| | | | | | | 2 | | 22 | 138 | 三室二厅 |
| | | 15 | 学校 | 幼儿园 | | | | | | |
| 14 | YG小区 | 1 | 福利房 | 1986 | 2 | 8 | 6 | 48 | 86 | 两室两厅 |
| | | 2 | 福利房 | 1986 | 2 | 8 | 6 | 48 | 86 | 两室两厅 |
| | | 3 | 福利房 | 1986 | 2 | 8 | 6 | 48 | 86 | 两室两厅 |
| | | 4 | 福利房 | 1986 | 2 | 8 | 6 | 48 | 86 | 两室两厅 |
| | | 5 | 福利房 | 1986 | 2 | 14 | 6 | 84 | 86 | 两室两厅 |
| 居住建筑总户数：5 227户 | | | | | | | | | | |